GEOMETRIE DER BEWEGUNG

Marie-Luise Anger

GEOMETRIE DER BEWEGUNG

Grundübungen des
mime corporel von
A bis Z

Mit Illustrationen
von Stefan Palm

HENSCHEL

Die Deutsche Bibliothek - CIP-Einheitsaufnahme
Anger, Marie-Luise:
Geometrie der Bewegung: Grundübungen des mime corporel von A bis Z /
Marie-Luise Anger. Mit Ill. von Stefan Palm. - Berlin: Henschel-Verl., 1998
ISBN 3-89487-300-0

ISBN 3-89487-300-0

Gesamtgestaltung: Stefan Palm
Druck: Jütte-Druck, Leipzig
Printed in Germany

Gedruckt auf alterungsbeständigem Papier mit chlorfrei gebleichtem Zellstoff

Vorwort

Dieses Buch wurde auf Wunsch meiner Schüler geschrieben.
Von Beginn meiner Lehrtätigkeit an — sei es in der Hochschule der Künste (früher: Staatliche Hochschule für Musik und darstellende Kunst), sei es in meiner eigenen Schule, der Berliner Schule für Mime und Pantomime, sei es auf semi-professionellen Workshops, wo ich die Technik des „mime corporel“ von Etienne Decroux vermittelte, wurde ich gefragt, ob diese Technik irgendwo niedergeschrieben sei.
Immer wieder mußte ich antworten, daß sie nur vom Meister auf seine Adepten – sozusagen von Körper zu Körper – weitergegeben wurde.
Der wiederholt ausgesprochene Wunsch, die Übungen dieser Körperschulung zu Papier zu bringen, ließ mich nicht ruhen.
Unklar war mir nur die Form, wie die Fülle des Materials zu ordnen und ob zur visuellen Unterstützung des Textes ein Grafiker zu finden wäre, um die Übungen grafisch darzustellen. Durch einen glücklichen Umstand lernte ich den jungen Designer Stefan Palm kennen, der großes Interesse an meinem Vorhaben zeigte. Da es sich bei den Übungen in diesem Buch um Grundübungen handelt und es tatsächlich für jeden Buchstaben des französischen Alphabets (außer K, U, W und X) Übungen gibt, konnten sie in alphabetischer Reihenfolge, also zu einem Lexikon, aufgeführt werden. Alle Ausdrücke, sofern sie nicht, was die Beinarbeit angeht, aus dem Ballett stammen, wurden von Etienne Decroux bestimmt, wobei er zum großen Teil Begriffe aus der französischen Umgangssprache nahm. Etienne Decroux nannte seine Technik, die auf Analysen des menschlichen Körpers und seiner Bewegungen beruht, „la grammaire du mime“.

Das Buch soll analog dazu als „Wörterbuch“ für die Grammatik der Mime verstanden werden und ist gedacht für diejenigen, die Decroux' Mimentechnik für kürzere oder längere Zeit genossen haben oder sich noch in der Ausbildung befinden. Es soll als Nachschlagewerk dienen, ist allerdings nicht als „Fernunterrichtsmaterial“ oder als Ersatz für einen Lehrer zu bewerten. Insbesondere, da die Dynamik der Übungen nur umschrieben werden konnte. Diese muß durch einen Lehrer vermittelt werden. Dasselbe gilt auch für den darstellerischen Teil einer Mimenausbildung – also die schauspielerischen Improvisationen. Sie bedürfen der Kontrolle des künstlerischen Auges eines Pädagogen und können nicht „nachgeschlagen“ werden.

Was ist Mime, was ist Pantomime?

In der französischen Schule macht man den Unterschied zwischen Pantomime und Mime.

Der Pantomime lebt in der Tradition der alten Pantomime, d. h. er erzählt Alltagsgeschichten in heiterer und auch satirischer Weise und wendet sich direkt ans Publikum, die weiße Maske des Pierrots wird häufig übernommen, die Hauptarbeit liegt in den Extremitäten und in der Mimik.

Der Mime will menschliche Konfliktsituationen, Zustände, Gefühle und Emotionen, ohne eine Geschichte zu erzählen, ausdrücken.
Oft „spricht" er zu seinem Publikum durch eine Parabel, ist also symbolisch, zuweilen ist er ganz abstrakt und läßt nur die Bewegung des Körpers wirken. Das Gesicht ist ungeschminkt beziehungsweise entsprechend der Nummer gestaltet oder durch eine Maske verborgen.

Kurzer geschichtlicher Abriß

Der Weg der Pantomime begann nachweislich im 5. Jahrhundert v. Chr. in Griechenland und führte über die Via Appia von Süditalien nach Rom, wo sie ihre Blütezeit erfuhr. Der römische Mimus in seiner Vielfalt beeinflußte die gesamte europäische Theaterentwicklung durch das Mittelalter bis zur Neuzeit. Jongleure, Spielleute, Spaßmacher und Hofnarren trieben ihr Wesen auf Jahrmärkten und an Fürstenhöfen.
Die commedia dell'arte, im 16. Jahrhundert in Venedig und in der Lombardei entstanden und stark von der altrömischen Typenkomödie beeinflußt, lebt bis zum heutigen Tage in ihrer ursprünglichen Form wie auch in abgewandelter Art weiter und hat Literatur, Malerei und Musik in hohem Maße befruchtet.
Ursprünglich Stegreifkomödie, von der aber die wichtigsten Dreh- und Wendepunkte der Handlung fixiert waren, wurde sie im 18. Jahrhundert von Carlo Goldoni in zahlreichen Komödien und Szenarien schriftlich niedergelegt. Der französische Hof lud namhafte italienische Gruppen ein, oft erregten sie aber mit ihrer Darstellung Mißfallen beim Parlament oder bei höhergestellten Persönlichkeiten, so daß sie das Land wieder verlassen mußten.
Das französische Theater erlebte eine Befruchtung: Marivaux und Molière schrieben im Stil der commedia. Das Publikum fühlte sich sehr viel mehr durch das spritzige, frische Temperament und das bunte Erscheinungsbild der italienischen Gaukler angesprochen als durch den steifen, deklamatorischen Stil des französischen Theaters. Bei den französischen Staatstheatern machten sich Einbußen bemerkbar.
Deshalb verdrängte man die italienischen und französischen Gaukler

auf die Jahrmärkte und verbot ihnen schließlich auch jeglichen gesprochenen oder gesungenen Dialog, so daß das schweigende Spiel – die Pantomime – wieder neu entdeckt wurde.

Das Paris des 19. Jahrhunderts erlebte auf dem Boulevard du Crime im Théâtre des Funambules den Genius des Jean-Gaspard Deburau, genannt Baptiste, der nach harter artistischer Ausbildung seine eigentliche Begabung, die Darstellung durch das stumme Spiel, entdeckte. Die melancholische Gestalt des Pierrot im weißen fließenden Gewande und mit weißer Maske, der sich immer gegen die lustigen und schalkhaften Streiche und Fußtritte des lebenslustigen Arlecchino zu verteidigen hatte, wurde durch die Interpretation Deburaus zu einem Idol der Romatik.
„Die Kinder des Olymp", Menschen aus unteren Volksschichten, erkannten Baptiste (im Film dargestellt von Jean-Louis Barrault) als den ihren an, ja identifizierten sich mit ihm, indem sie lachend, aber doch mit einer gewissen Beklemmung seine Mißgeschicke miterlebten. Seine Gestalt erfuhr eine Wiedergeburt in Charlie Chaplin, dem Tramp der Stummfilme, der durch seine komisch-ungeschickte Art, seine Melancholie das Publikum anrührte. Der Stummfilm – ein Kind des Jahrmarkts – bediente sich der gleichen Elemente wie die Pantomime, nämlich Bild und Bewegung.
Komik und Melodrama, die charakteristischen Elemente des Stummfilms, wurden von Chaplin meisterhaft zu einem Kunstwerk verbunden.

In den zwanziger Jahren dieses Jahrhunderts schloß sich Etienne Decroux (1898 - 1991) – nach mehreren Jahren der Zusammenarbeit mit Jaques Copeau – dem Théâtre de l'Atelier von Charles Dullin an. Dort lernte er unter den Schauspielschülern Jean-Louis Barrault kennen, mit dem zusammen er seinen Plan verwirklichte, den „mime corporel", der in der Theaterarbeit Copeaus angewandt wurde, weiterzuentwickeln. Er unternahm eine Bewegungsanalyse, reduzierte die Bewegungen auf elementare Formen, untersuchte ihre Ausdrucksmöglichkeiten, verzichtete jedoch völlig auf Gesichtsmimik. So schuf er den „statuaire mobile", d. h. der Künstler ist Schöpfer und Geschöpf zugleich. Um den Körperausdruck, Stärke und Schwäche physischer und psychischer Art, ganz zur Geltung zu bringen, arbeiteten er und seine Schüler in den Anfängen fast nackt und mit verschleiertem Gesicht.
Kraft und Muskelspiel finden Ausdruck im „contrepoids" (Gegengewicht), dem Sichtbarmachen schwerer Gegenstände. Das erzählende Element der alten Pantomime verschwindet völlig, jedoch wird bei Decroux Wert auf Form und Ästhetik gelegt.
Die ersten Erarbeitungen seines Stils führte er zusammen mit Jean-Louis Barrault in kleinsten privaten Zirkeln vor. Während seine Schüler Jean-Louis Barrault und Marcel Marceau, der mit seinem „Bip" den Pierrot wieder aufleben ließ, und jüngere Mimen zu Weltruhm gelangten, arbeitete Decroux in der Askese als Künstler und Wissenschaftler weiter und inspirierte durch seinen neutralen Stil Schüler aller Nationalitäten: Der Sprechschauspieler, der Mime/Pantomime, der Clown, sie alle ziehen ihre Kraft aus dem „mime corporel" des Etienne Decroux.

Das letzte Wort gilt meinen Schülern, die sich von der schweigenden, aber so beredten Kunst verzaubern ließen und begeistert über Jahre den Weisungen des Meisters durch mich folgten.
Einen ganz besonderen Dank möchte ich Susanna Geiger und Maja Brosch aussprechen, die mir bei der Überprüfung und Überarbeitung des Textes halfen, indem sie die Übungen meiner geschriebenen Textvorlage körperlich nachvollzogen.

Marie-Luise Anger

Pantomime hat mich lange schon fasziniert, bevor ich anfing, selber Unterricht zu nehmen. Bei einem Auftritt in der Akademie der Künste in Berlin sah ich Marie-Luise Anger zum ersten Mal und war fasziniert von ihrer nüchternen, perfekten Körperbeherrschung, von dieser Kunst, die ohne Worte so archetypische Bilder in mir angesprochen und viel Raum für meine Vorstellungen gelassen hat.
1996 traf ich sie durch einen „Zufall“ wieder, und sie erzählte mir von ihrem Vorhaben, ein Lexikon der Mime herauszubringen. Da ich seit vier Jahren Pantomimenunterricht nehme, dadurch mit den Übungen vertraut bin und weil Illustrationen einer meiner Arbeitsschwerpunkte sind, ergab sich unsere Zusammenarbeit wie von selbst.
Es war mir eine besondere Ehre, für diese „first lady“ ihres Faches, die mit absoluter Perfektion die Technik des „mime corporel“ von Etienne Decroux beherrscht und weitergibt, die Illustrationen anzufertigen und ihr Buch zu gestalten.

Stefan Palm

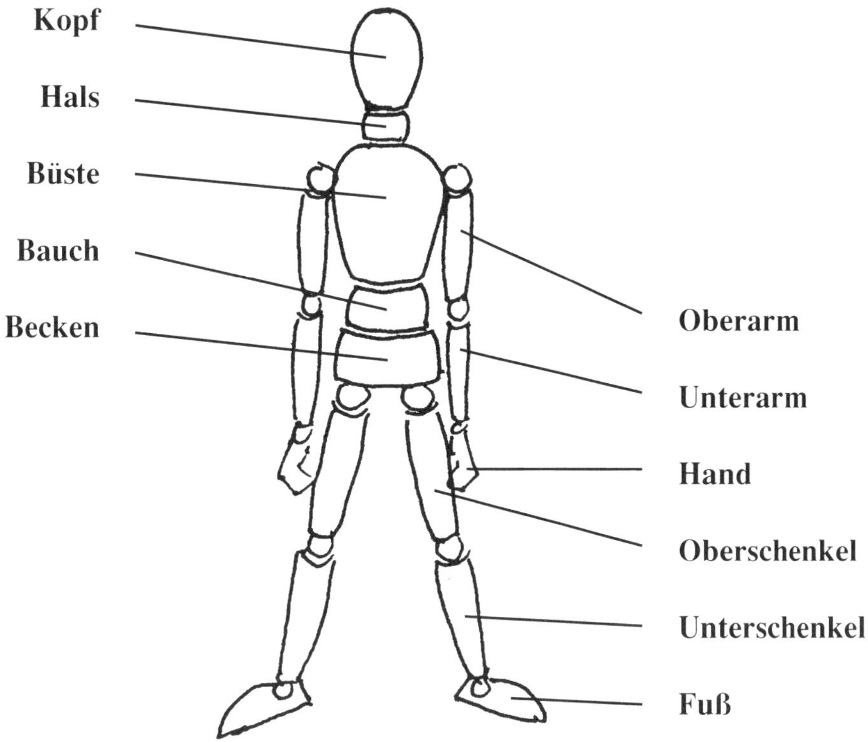
Kopf
Hals
Büste
Bauch
Becken
Oberarm
Unterarm
Hand
Oberschenkel
Unterschenkel
Fuß

Accélérer – freiner beschleunigen – bremsen

Man beginnt aus dem Stand und setzt sehr langsam ohne Ruck das hintere Bein nach vorn, wobei der Fuß ganz normal von hinten nach vorn abrollt, und beschleunigt fließend die weiteren Schritte, bis man am Höhepunkt der Geschwindigkeit anlangt, d. h. bis zum Rennen gelangt. Während der Beschleunigung verlagert sich das Gewicht immer mehr nach vorn, so daß sich die ganze Fußarbeit nur auf dem Ballen abspielt. Gleichzeitig werden Oberschenkel und Unterleib angespannt. Ohne Ruck drosselt man das Tempo und wird allmählich langsamer, bis man zum Stillstand – wieder auf der ganzen Fußsohle – kommt. Am Schluß des Vorganges vollendet das langsam von hinten nach vorn geholte Bein die Bewegung.
Beim Bremsen müssen der Unterleib und die Oberschenkel angespannt bleiben, d. h. man setzt eine Energie gegen die andere: Bremskraft gegen Massenträgheit.
Die Arme harmonisieren sich (→ *harmonisation*), wenn sie keine Funktion oder Aussage haben sollen.

ANWENDUNG: Das *accélérer – freiner* ist eine dynamische Übung, die in der psychologischen Darstellung äußerst wichtig ist:
Eine Intention, die verwirklicht werden soll, wird auf dem Höhepunkt ihrer Ausführung aus mannigfaltigen Gründen – Angst, Irrtum in der Entscheidung, Mangel an Selbstvertrauen – gebremst.

Annelé geringelt, aus Ringen zusammengesetzt

Die einzelnen Körperteile (Kopf, Hals, Büste, Bauch, Becken) werden nacheinander in derselben Richtung (→ *conforme*) geneigt oder gedreht. Dieses kann von oben (→ *progressif*) oder von unten (→ *degressif*) geschehen.
Das Gegenteil des *annelé* ist das → *composé dessiné*.

Antenne d'escargot Fühler der Schnecke

Die Hand nähert sich langsam und vorsichtig im entspannten Zustand im → *toucher* einem Gegenstand, einem Lebewesen oder einem Element und zieht sich schnell und ruckartig im → *toc* zurück, wobei sich beim Zurückziehen die Finger leicht anspannen und strecken.

BEACHTEN: Das Handgelenk zieht die Hand zurück, aber sie darf nicht nach hinten kippen. Auch darf keine Vorwärtsbewegung zu dem Gegenstand stattfinden.

Neben der Hand können auch Fuß oder Kopf zum „Fühler" werden.

ANWENDUNG: Alle *antennes d'escargot* sind für die Darstellung einer plötzlichen, schmerzhaften Begegnung mit einem Lebewesen, einem Gegenstand oder einem Element bzw. für die Darstellung der Vorsicht, des Zögerns und der sich daraus ergebenden Entscheidungsänderung anwendbar.

Antenne d'escargot mit dem **Fuß**

1. → *Position*, → *translation* auf ein Bein. Der Fuß des Spielbeines nähert sich einem Gegenstand, einem Lebewesen oder einem Element ziemlich gestreckt und winkelt sich beim Zurückziehen ab, wobei der Oberschenkel des Spielbeines das sich beugende Knie etwas nach oben zieht. Das Standbein ist zu Beginn leicht gebeugt und wird bei der Berührung leicht gestreckt, aber nicht durchgedrückt.

Antenne d'escargot mit dem **Kopf**

Der Kopf wird aus der Wirbelsäule nach oben gezogen, dadurch spannt sich der Hals. Wenn der Scheitelpunkt des Kopfes einen Gegenstand berührt, zieht ihn die Nackenmuskulatur ruckartig nach unten, als ob sich der Kopf in den Hals ziehen will. Die Bewegung ist sehr klein.

BEACHTEN: Das Kinn muß in den Hals gedrückt werden und darf nicht nach vorn geschoben werden, die Schultern dürfen nicht bewegt werden, und die Büste darf nicht einsacken.

Antenne d'escargot mit der **Schulter**

Die Schulter zieht die Büste in einer → *translation* zur Seite, um sich dem Gegenstand zu nähern, und zuckt bei Berührung des Gegenstandes im → *toc* zurück.

ABWANDLUNG:

Der Körperteil, der im → *toc* zurückzuckt, kann, wenn gewünscht, im → *queue du mouvement* folgen.

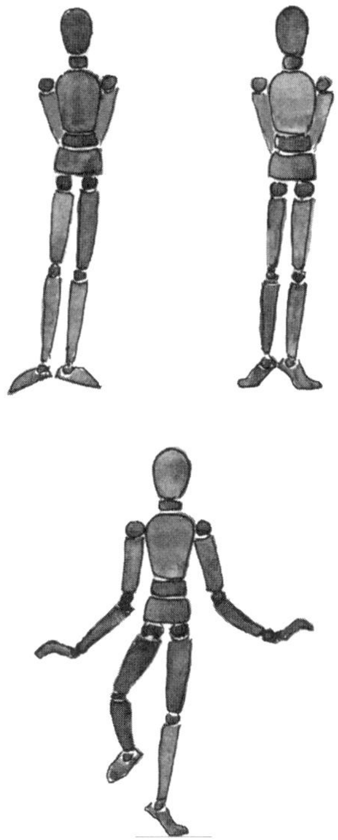

Arabesque — Arabeske

1. → *Position,* → *translation* auf ein Bein. Der Rumpf muß unbedingt senkrecht bleiben. Auf die halbe Spitze gehen, wobei das Gewicht aber auf dem Standbein liegen muß. Das Spielbein wird unauffällig an das Standbein herangezogen, so daß die Fersen sich berühren. Das Gleichgewicht suchen. Wenn das Gleichgewicht gefunden ist, das Spielbein vom Erdboden abheben.
Der Oberschenkel des Spielbeines wird leicht nach hinten zurückgezogen, das Knie wird etwas gebeugt und nach außen gedreht. Der im Fußgelenk nach außen gedrehte Fuß wird gestreckt. Die Arme werden in der → *belle courbe* harmonisiert (→ *harmonisation).* Um die Übung wieder aufzulösen, senkt sich der Fuß des Standbeines langsam wieder ab, gleichzeitig zieht das Spielbein wieder in die 1. → *Position* zurück, die Arme folgen in einem leichten → *mousseline*, wenn der Körper sich abwärts bewegt.

ABWANDLUNG:

Auf die *arabesque* kann ein → *triple dessin* des Kopfes und der Büste gesetzt werden.

ANWENDUNG: Zur Darstellung von Statuen.

Hervorragend als TRAINING für das Gleichgewicht.

Axe conforme übereinstimmende Achse

1. oder 2. → *Position*. Das Spielbein (z. B. links) schiebt – wobei es sich leicht anwinkelt – die Hüfte hoch, indem der Fuß auf die halbe Spitze geht, so daß das Becken zur Standbeinseite kippt.
Das gestreckte (rechte) Standbein wird zur Achse, und der (nach rechts) geneigte Rumpf befindet sich über dieser Achse.

BEACHTEN: Die Büste darf nicht zusätzlich geneigt werden.

Axe contraire entgegengesetzte Achse

1. oder 2. → *Position*. Das Standbein (z. B. rechts) winkelt sich an, ohne daß der Fuß den Boden verläßt, so daß das Becken zur Standbeinseite kippt. Die Achse wird auf das gestreckte (linke) Spielbein verschoben; dabei neigt sich der (nach rechts) geneigte Rumpf von der Achse weg.

BEACHTEN: Die Büste darf nicht zusätzlich geneigt oder verschoben werden. Das linke Bein darf sich nicht ebenfalls nach rechts bewegen, es muß auf der Stelle bleiben. Um dies zu erreichen, muß man zu dem linken Bein „hindenken“. Andererseits darf das Becken nur kippen und nicht nach links ausweichen.

B

A la barre

an der Stange

Alle STANGENÜBUNGEN sind hier zusammen aufgeführt, und zwar nicht in alphabetischer Ordnung, sondern wie sie sich erfahrungsgemäß am besten aufeinander aufbauen.
Insofern sind auch AUFWÄRMÜBUNGEN zur Festigung der Beinmuskulatur angegeben, die dem eigentlichen Stangenstudium vorausgehen. Im übrigen dienen die Stangenübungen der Flexibilisierung in Bewegungsabfolgen und später im darstellenden Spiel des Beines und des Fußes.

AUSGANGSPOSITION für alle STANGENÜBUNGEN im Profil:

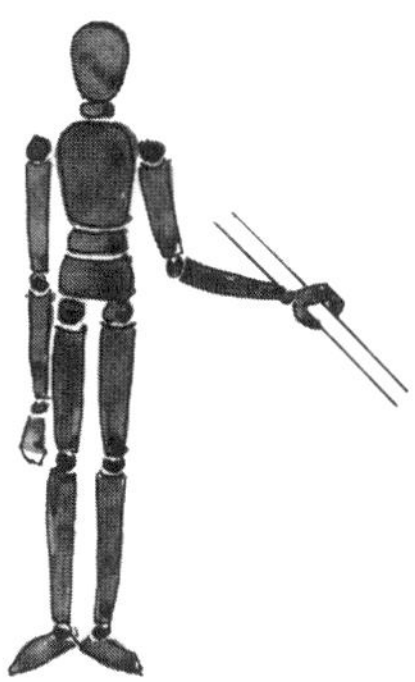

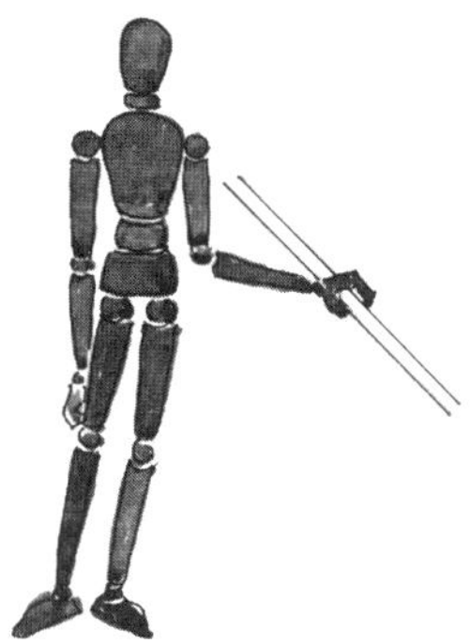

Man steht im Profil zur Stange in der 1. → *Position*, die Hand umfaßt locker die Stange. → *Translation* auf das Bein, das zur Stange steht. Der Rumpf muß senkrecht bleiben und darf sich nicht zur Stange neigen; den Kopf aus der Wirbelsäule herausziehen, die Schultern locker hängen lassen.
Die Büste durch die Muskulatur – und nicht durch die Atmung – herausziehen (Dehnung bzw. passive Spannung der Bauchdecke) und den Bauch anspannen (aktive Spannung der Bauchdecke), Becken aufrichten.

LOCKERUNGSÜBUNG:

Zur Aufwärmung der Beinmuskulatur wird das Spielbein im lockeren Zustand nach vorn und hinten geschwungen, wobei der Oberkörper senkrecht gehalten werden muß und nicht in entgegengesetzter Richtung (als → *compensation*) schwingen darf. Das Standbein bleibt durchgedrückt, der Fuß des Standbeines bleibt mit der ganzen Sohle auf dem Boden.
Das Ausschwingen der Beine kann auch seitlich erfolgen.
Beide Hände umfassen frontal die Stange, ohne sich aufzustützen, der Körper bleibt senkrecht. Das warmzumachende Bein schwingt locker vor dem Standbein seitlich hin und her, also parallel zur Stange, wobei es sich durch den Schwung streckt, aber nicht anspannt. Das Becken dreht automatisch etwas mit.

DEHNUNGSÜBUNGEN:

Für die Dehnung der Beine kann man, seitlich in der AUSGANGS-POSITION an der Stange stehend, das durchgedrückte Spielbein mit gestrecktem Fuß nach vorn, zur Seite und nach hinten heben.
Vor jedem Anheben muß eine Außenrotation im Oberschenkel stattfinden. Das Bein darf nicht schwungvoll aus dem Knie hochgeschleudert werden. Der Fuß muß immer wieder in die 1. → *Position* mit ganzer Sohle auf den Boden gelangen. Wenn das Bein nach hinten abgehoben wird, muß es unbedingt gestreckt bleiben und darf sich nicht im Knie beugen, da sonst keine Dehnung in der Leiste erfolgen würde. Der Rumpf muß immer senkrecht bleiben.

DEHNUNG DER LEISTEN:

Profil: In einem gewissen Abstand zur Stange stehen. Das zur Stange gerichtete Spielbein durchgedrückt mit gestrecktem Fuß über die Ferse im rechten Winkel auf die Stange legen. Das Standbein wird nun abwechselnd gebeugt und gestreckt.

Frontal: Das seitlich abgespreizte Bein auf die Stange legen und vorsichtig seitlich wegschieben. Das Standbein muß immer durchgedrückt bleiben.

ÜBUNG zur Festigung der Beinmuskulatur:

Frontal zur Stange stellen, 2. → *Position,* mit beiden Händen die Stange locker umfassen, das Becken aufrichten. Die durchgedrückten Beine gehen auf die halbe Spitze, die Füße drehen erst zusätzlich nach außen, dann wieder in die Originalstellung und gehen schließlich auf die ganze Sohle zurück. Die Knie müssen sich über den Füßen befinden.

ABWANDLUNG:

Dieselbe ÜBUNG kann mit einer → *demi-flexion* gemacht werden:

„Eins“:	Auf die halbe Spitze bei durchgedrückten Beinen gehen,
„Zwei“:	→ *demi-flexion* in den Knien und Füße nach außen drehen, wobei die halbe Spitze erhalten bleiben muß,
„Drei“:	Aus der → *demi-flexion* in die Streckung der Beine gehen, die Füße drehen sich in die Ausgangsposition zurück,
„Vier“:	Die Fersen absenken.

Distancé auseinandergerückt

1\. → *Position,* → *translation* auf das stangennahe Bein. Das durchgedrückte Spielbein mit gestrecktem Fuß nach vorn schieben und dabei den Oberschenkel auswärtsdrehen, dann wieder in die 1. → *Position* zurückholen, dann zur Seite schieben, wieder in die 1. → *Position* zurück, dann nach hinten und in die 1. → *Position* zurück.

BEACHTEN: Der Körper darf nicht kompensieren, d. h. in die entgegengesetzte Richtung geneigt werden. Das Gewicht darf nicht auf das Spielbein verlagert werden, und die Beine bleiben die ganze Zeit durchgedrückt. Der Fuß des Spielbeines muß mit der ganzen Sohle wieder aufsetzen.

ABWANDLUNG 1:

Dieselbe ÜBUNG in unterschiedlichen Rhythmen:

Schnell nach vorn und langsam wieder einholen, wobei sich der Fuß entspannt, das Bein aber durchgedrückt bleibt. Derselbe Vorgang zur Seite, nach hinten und wieder zur Seite. Langsam nach vorn und schnell wieder einholen. Derselbe Vorgang zur Seite, nach hinten und wieder zur Seite.

ABWANDLUNG 2:

Dieselbe ÜBUNG ist auf der halben Spitze durchführbar:

AUSGANGSPOSITION: 1. → *Position,* → *translation* auf das stangennahe Bein, bei

„Eins": geht das durchgedrückte Standbein auf die halbe Spitze, der Fuß dreht dabei auswärts, gleichzeitig schleift das vom Oberschenkel nach außen gedrehte und durchgedrückte Spielbein nach vorn; bei

„Zwei": dreht sich der Fuß in die Originalstellung zurück; bei

„Drei": senkt sich der Fuß des Standbeines wieder ab; bei

„Vier": schleift das Spielbein wieder in die 1. → *Position.*

Derselbe Vorgang zur Seite und nach hinten.

ABWANDLUNG 3:

Dieselbe ÜBUNG ist im *pointé fléchi* durchführbar, d. h. wenn das Standbein auf die halbe Spitze geht, wird es noch zusätzlich gebeugt.

BEACHTEN: Das Gewicht nicht auf das Spielbein verlagern. Die Winkel zwischen Fuß und Boden und in der Kniekehle müssen komplementär sein, so daß sich der Rumpf weder hebt noch senkt. Das Becken muß die ganze Zeit frontal ausgerichtet bleiben und darf sich nicht nach außen drehen.

Diese ÜBUNG ist eine gute VORÜBUNG für alle Gänge auf der Stelle (→ *Marche sur place*): Man übt, gleichzeitig den Fuß abzusenken und das Standbein durchzudrücken. Dadurch bleiben alle Körperteile bis auf die Ferse des Standbeines immer auf gleicher Höhe.

Diamanté in eckiger Form, diamantartig

AUSGANGSPOSITION: 1. → *Position,* → *translation* auf das stangennahe Bein, 5. → *Position* vorn, → *dégagé.*
Das durchgedrückte Spielbein schleift mit flachem Fuß von vorn nach hinten durch die 3., 1., 3. in die 5. → *Position* nach hinten ins → *dégagé* und wieder über denselben Weg zurück nach vorn in die 5. →*Position,* → *dégagé.*
Da das Gewicht immer auf dem Standbein bleiben muß, hebt sich die

Ferse des Spielbeines bei der 5. → *Position* hinten etwas vom Erdboden ab. Nur in der 5. → *Position,* → *dégagé* vorn oder hinten ist der Fuß gestreckt, in der 1. wie in der 3. → *Position* befindet sich der Fuß im Normalzustand, also abgewinkelt und mit der Sohle auf dem Erdboden.

ABWANDLUNG:

Diamanté en freinant abbremsend

Dieselbe Ausgangsposition, dann mit einem → *toc* das durchgedrückte Spielbein mit gestrecktem Fuß ins → *dégagé* bewegen und langsam, das Bein sehr zurückhaltend, mit flachem Fuß durch die Positionen schleifen, bis man in der 5. → *Position* hinten angelangt ist.
Dann den Fuß mit einem → *toc* ins → *dégagé* schieben und sofort ohne Pause vom → *dégagé* hinten mit → *toc* in die 5. → *Position* stoßen (die große Zehe stößt gegen die Ferse). Dann schleift der Fuß, die flache Sohle auf dem Erdboden, wieder stark abbremsend durch die Positionen nach vorn in die 5. → *Position* und mit einem → *toc* ins → *dégagé.*

Cercle Kreis

AUSGANGSPOSITION: 1. → *Position,* → *translation* auf das stangennahe Bein, mit dem Spielbein in die 5. → *Position,* → *dégagé,* nach vorn.

Das durchgedrückte Spielbein schleift in einem Halbkreis mit gestrecktem Fuß von vorn nach hinten in die 5. → *Position,* → *dégagé,* wobei es zusätzlich auswärts dreht. Durch das → *diamanté* in die Ausgangsposition zurückschleifen.

Dieselbe ÜBUNG von hinten nach vorn.

ABWANDLUNG 1:

Cercle foulé weit ausholend abbremsend

Die Kreisbewegung des Spielbeines wird schnell begonnen und auf der Hälfte des Weges stark abgebremst und verlangsamt.

BEACHTEN: Es darf kein Ruck oder Stopp in der Bewegung entstehen, sondern die Verlangsamung muß im fließenden Übergang erfolgen.

ABWANDLUNG 2:

Cercle en l'air — Kreis in der Luft

AUSGANGSPOSITION: 1. → *Position*, → *translation* auf das stangennahe Bein, 5. → *Position* vorn, → *dégagé*.
Das Spielbein wird im gestreckten Zustand abgehoben und, auswärts gedreht, nach hinten geführt, wieder in der 5. → *Position* aufgesetzt und im → *diamanté* nach vorn in die 5. → *Position*, → *dégagé* geführt.

BEACHTEN: Das Spielbein darf während der Ausführung des Halbkreises nicht absacken. Es ist also ratsam, das Bein am Anfang der Übung nicht zu hoch zu nehmen.
Bein und Fuß müssen in der Luft immer gestreckt bleiben.

ABWANDLUNG 3:

Cercle en l'air foulé

Dieselbe ÜBUNG kann dann in der Dynamik des → *foulé* gemacht werden.

BEACHTEN: Auch bei dieser Übung darf kein Ruck oder Stopp in der Bewegung entstehen, sondern die Verlangsamung muß im fließenden Übergang erfolgen.

Alle ÜBUNGEN können auch von hinten nach vorn gemacht werden.

→ **Demi-grue** in der → **Tour Eiffel** — Eiffel-Turm in halber Kranbewegung

AUSGANGSPOSITION: 1. → *Position,* → *translation* auf das stangennahe Bein, 5. → *Position* hinten, der Körper kippt in der → *Tour Eiffel* nach vorn. Nun bewegt sich der Körper in einer halben Kreisbewegung zur Stange und weiter nach hinten. Der Drehpunkt liegt im Hüftgelenk des Standbeines.
Das andere Hüftgelenk „existiert nicht". Kopf und Fuß müssen zur selben Zeit an ihrem jeweiligen neuen Ort sein.

Dieselbe ÜBUNG von hinten nach vorn.

BEACHTEN: Beim → Tour Eiffel hinten darf kein Hohlkreuz entstehen, das Becken ist nach hinten zu kippen und der Kopf aus der Wirbelsäule herauszuziehen.

Diese ÜBUNGEN bei schnellem Tempo sind geeignet als VORÜBUNG für den Kreis mit Gewichtsverlagerung.

Cercle avec transport du poids

Kreis mit Gewichtsverlagerung

AUSGANGSPOSITION: 1. → *Position*, → *translation* auf das stangennahe Bein, 5. → *Position* vorn, der Körper kippt in der → *Tour Eiffel* nach hinten. Das Gewicht liegt jetzt hinten. Sehr schnell schwingt die → *Tour Eiffel* in einer → *demi-grue* um das Kugelgelenk (Hüfte) in Richtung der Stange nach vorn, das Gewicht liegt jetzt vorn. Anschließend kippt die → *Tour Eiffel* um die Querachse fast in die Senkrechte zurück, wobei die große Zehe des Spielbeines automatisch die Ferse des Standbeines trifft, um sofort, über eine Luftschicht gleitend, schnell in die 2. → *Position* zu gehen. Das Gewicht liegt jetzt in der Mitte. Sehr langsam, fast widerstrebend, schleift der Fuß des Spielbeines mit der ganzen Sohle auf dem Boden an der 1., 3. → *Position* vorbei in die 5. → *Position* vorn. Gleich danach kippt die → *Tour Eiffel* im → *toc* nach hinten, und der Vorgang wiederholt sich.

BEACHTEN: Der Körper muß immer eine Einheit und in einer Linie bleiben, d. h. das Spielbein darf nie autonom agieren. Beim Heranziehen aus der 2. in die 1. → Position *muß das Gewicht immer in der Mitte bleiben. Die Ferse des Spielbeines darf nicht abgehoben werden. Der Kopf muß immer in der Verlängerung des Rumpfes bleiben, er ist nur dann, wenn der Körper sich in der Mitte – in der Senkrechten – befindet, auch senkrecht gestellt. Beim Kippen der* → Tour Eiffel *nach hinten dürfen weder das Stand- noch das Spielbein geknickt werden. Das Gewicht muß unbedingt auf dem Standbein bleiben und darf nicht auf das vordere Bein verlagert werden.*

→ **Bascule fléchie** gebeugte Kippe, Wippe

AUSGANGSPOSITION: 1. → *Position,* → *translation* auf das stangennahe Bein. → *Bascule* nach vorn oder hinten, d. h. das Standbein beugt sich, um den Rumpf nach vorn oder hinten zu neigen. Das Spielbein und der Fuß sind gestreckt in der Verlängerung des Rumpfes. Nun zieht das Spielbein – der Fuß wieder in seinem Originalzustand, d. h. mit flacher Sohle – durch die 1. → *Position* am Standbein vorbei in die entgegengesetzte Richtung.
Das Standbein drückt sich in dem Moment durch, in dem das Spielbein an ihm vorbeizieht, der Körper richtet sich dadurch kurz auf. Danach beginnt das Standbein sich wieder zu beugen, so daß eine → *bascule fléchie* in der entgegengesetzten Richtung entsteht.

→ **Demi-grue** in der → **bascule fléchie** Kippe, Wippe in halber Kranbewegung

AUSGANGSPOSITION: → *Bascule fléchie* nach vorn oder hinten. Der Körper bewegt sich in der → *bascule fléchie* in einer halben Kreisbewegung zur Stange nach vorn oder hinten. Der Drehpunkt liegt im Hüftgelenk des Standbeines. Der Fuß des Spielbeines und der Kopf müssen zur selben Zeit an ihrem jeweiligen neuen Ort sein; zwischen ihnen gibt es „keine Gelenke“.

BEACHTEN: Bei der → bascule nach hinten darf kein Hohlkreuz entstehen, das Becken ist nach hinten zu kippen und der Kopf aus der Wirbelsäule herauszuziehen. Rumpf und Spielbein müssen immer eine Gerade bilden. Das Spielbein darf sich nicht autonom nach hinten oder vorn bewegen.

Battement — Schlagen

Kleines battement

AUSGANGSPOSITION: 1. → *Position,* → *translation* auf das stangennahe Bein, 5. → *Position* vorn, → *dégagé.*
Der abgewinkelte, auswärts gedrehte Fuß des gebeugten Spielbeines schlägt leicht mit der Ferse an das Standbein in Höhe des Fußgelenkes: vorn – Seite – hinten.
Gleich danach strecken sich Spielbein und Fuß und gehen in die 5. → *Position* hinten, → *dégagé.* Auf demselben Weg bewegt sich das Spielbein zurück: Also schlägt der abgewinkelte Fuß hinten – Seite – vorn an das Fußgelenk des Standbeines und endet in der 5. → *Position,* → *dégagé* vorn.

Großes battement

AUSGANGSPOSITION: 1. → *Position,* → *translation* auf das stangennahe Bein. Das Spielbein winkelt sich – stark auswärts gedreht – im Kniegelenk ab. Die Außenkante des Fußes legt sich ungefähr in Kniehöhe vorn an das Standbein. Nun streckt sich das Spielbein, ohne sich abzusenken, **plötzlich** nach vorn und wird **langsam** wieder in Kniehöhe an das Standbein zurückgeholt. Danach winkelt es sich zur Seite ab, wobei nur die Zehen des gestreckten Fußes in Kniehöhe das Standbein berühren. Nun findet der oben beschriebene Vorgang (erst plötzlich, dann langsam) diesmal zur Seite statt. Darauf legt sich die Innenkante des Fußes des Spielbeines hinten in Kniekehlenhöhe an das Standbein. Derselbe Vorgang wie oben beschrieben findet nun nach hinten statt.

BEACHTEN: Wenn das Spielbein nach vorn, zur Seite und besonders nach hinten schnellt, darf es nicht abgesenkt werden.
Auch beim Einholen muß es dieselbe Höhe wie bei der Ausgangs-position behalten.

Développé   entwickelt, entfaltet

AUSGANGSPOSITION: 1. → *Position,* → *translation* auf das stangennahe Bein. Der Oberschenkel des Spielbeines hebt sich langsam nach vorn, der Unterschenkel ist noch nach unten abgewinkelt, der Fuß gestreckt.
Während sich der Oberschenkel weiter hebt, folgt der Unterschenkel, zuletzt der nach auswärts gedrehte, gestreckte Fuß. Alle drei Glieder des Beines müssen die ganze Zeit eine fließende Aufwärtsbewegung haben, wobei der Unterschenkel und der Fuß etwas beschleunigen müssen, um gleichzeitig mit dem Oberschenkel in der Endposition, d. h. im gestreckten Zustand, anzukommen. Das Bein senkt sich langsam im gestreckten Zustand ab, während der Fuß sich nach oben

abwinkelt, um dann mit der ganzen Sohle aufzusetzen. Alternierend übt man das *développé* nach vorn und zur Seite.

BEACHTEN: Man darf den Oberschenkel zu Beginn nicht zu hoch nehmen, wenn man ihn im Verlauf der Übung nicht noch höher bewegen kann.
Ein zu hoch ausgerichteter Oberschenkel hätte ein Innehalten im Kniegelenk zur Folge, und der Bewegungsfluß wäre unterbrochen, d. h. Unterschenkel und Fuß würden sich getrennt vom Oberschenkel bewegen. Beim développé zur Seite darauf achten, daß das Bein auswärts gedreht ist, ohne daß sich das Becken mitdreht.

Damit sind die Stangenübungen abgeschlossen.

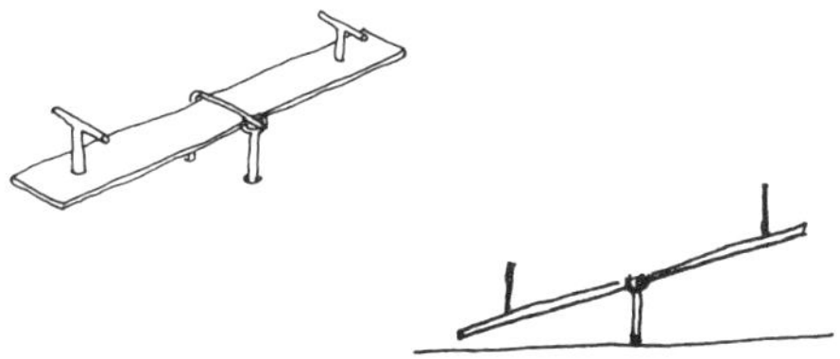

Bascule

Wippe, Kippe

Es gibt zwei Arten von *bascules:*

bascule rectiligne (gerade)
bascule fléchie (gebeugt)

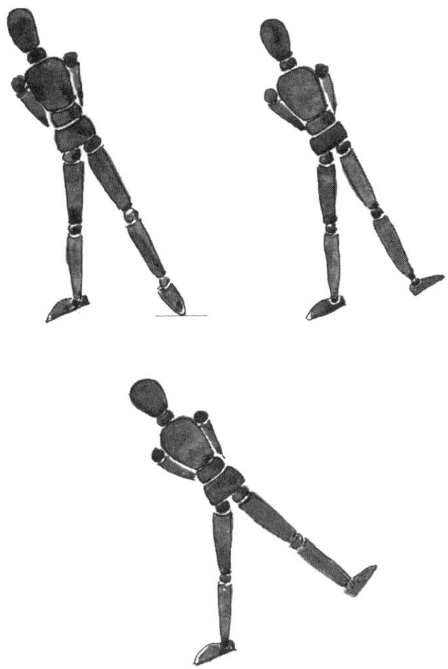

Bascule rectiligne

Der Körper ist angespannt, die AUSGANGSPOSITION ist eine große 2. → *Position,* d. h. eine → *Tour Eiffel.*

„Eins“: Die → *Tour Eiffel* wird geneigt, dabei wird das Spielbein etwas an das Standbein herangezogen.

„Zwei“: Der Fuß des Spielbeines wird abgewinkelt, so daß der Fuß in der Luft schwebt, da die Fußspitze den Boden nicht mehr berührt.

„Drei“: Der Rumpf kippt nun im Hüftgelenk zur Standbeinseite, aber nur so weit, daß Rumpf und Spielbein eine Linie bleiben.

„Vier“: Der Rumpf und das Bein kippen in Stellung „Zwei“ zurück, so daß das Bein mit immer noch abgewinkeltem Fuß in der Luft schwebt.

„Fünf“: Die große Zehe setzt wieder auf dem Erdboden auf, d. h. der Fuß ist wieder gestreckt.

„Sechs“: Nun gleitet das Spielbein wieder zur Seite, d. h. der Fuß gewinnt wieder seine Normalstellung, und das Gewicht gelangt wieder in die Mitte. Die Endstellung ist wieder eine sehr große 2. → *Position.*

ABWANDLUNG:

Dieselbe Übung ist in der 4. → *Position* nach vorn und nach hinten auszuführen.

BEACHTEN: Nach hinten ist eine große Neigung des Rumpfes wegen der reduzierten anatomischen Gegebenheit nicht möglich. Man darf also nicht in den Fehler verfallen und ins Hohlkreuz gehen. Das Spielbein darf nicht aus Kompensierungsgründen hochgerissen werden, die ungebrochene Linie von Rumpf und Spielbein muß unbedingt gewahrt bleiben. Auch nach vorn wird die bascule nicht ganz in die Waagerechte gekippt, sondern nur in die Diagonale, um eine Gleichmäßigkeit aller Neigungen zu erhalten.

Bascule fléchie aus der 2. oder 1. → *Position* seitlich

2. → *Position,* Körperanspannung, die Achse liegt in der Mitte. Das rechte oder linke Bein wird so stark gebeugt, daß sich Rumpf,

Hals, Kopf und Spielbein in einer geraden Linie zur Seite neigen müssen. Der Fuß des Spielbeines tippt mit der großen Zehe auf den Erdboden auf. Während des Vorganges der Seitenneigung dreht das Standbein leicht nach außen. Durch Streckung des Standbeines wird die Ausgangsposition wieder erreicht.

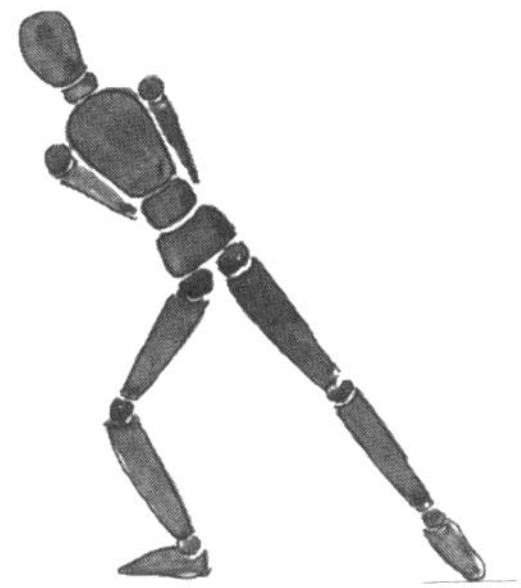

1. → *Position,* Körperanspannung, die Achse liegt in der Mitte. Der Körper fällt – Impuls von unten – im Block zur Seite, also in eine 2. → *Position,* auf ein Bein, welches sich sofort beugt, aber nicht zu weit, so daß das Gewicht voll auf dem Bein liegt, das den Körper aufgefangen hat. Während des Falles dreht das Bein zusätzlich auswärts, so daß eine Linie parallel zum Becken vor beiden Knien gezogen werden kann. Kopf, Rumpf und gestrecktes Bein müssen sich in einer schrägen Linie befinden. Als Kontrolle kann das gestreckte Spielbein kurz vom Erdboden abgehoben werden, um festzustellen, ob das Gewicht, ohne vorher eine Gewichtsverlagerung zu machen, ganz auf dem gebeugten Standbein liegt.
Die Zehen des Fußes des Spielbeines tippen nur auf den Erdboden auf. Durch ein Abdrücken des Standbeines gelangt man wieder in die Ausgangsposition, und der Fuß, der auswärts gedreht wurde, dreht sich nun wieder in eine normale Auswärtsdrehung zurück.

ABWANDLUNG:

Dieselbe Übung kann nach vorn oder hinten in die 4. → *Position* gemacht werden. Auch hier muß das Bein, welches den Körper auffängt, stark auswärts drehen.

BEACHTEN: Es kann der Eindruck entstehen, daß die bascule nicht stark genug geneigt ist. Auf keinen Fall darf nun eine zusätzliche Neigung durch die Büste oder den Rumpf erfolgen. Bei der Wiederherstellung der Ausgangsposition darf das Spielbein nicht herangezogen werden, sondern das Standbein drückt ab, so daß sich der Körper wieder in die Mitte bewegt. Der Impuls für den Fall liegt nicht im oberen oder mittleren Teil des Körpers, sondern geht vom Fuß aus. Bei der bascule nach hinten besteht die Gefahr des Hohlkreuzes. Um dieses zu vermeiden, muß das Becken stark nach hinten gekippt werden.

ABWANDLUNG 1:

Bascule in Diagonalen

Die *bascule in Diagonalen* kann mit oder ohne Drehung des Rumpfes ausgeführt werden.

ABWANDLUNG 2:

Bascule mit → **double** oder → **triple dessin**

Auf eine *bascule* in eine beliebige Richtung kann ein → *double* oder → *triple dessin* gesetzt werden.

Base fixée (inclinaison à) fixierte Basis

Der Neigungspunkt befindet sich an der Basis der jeweiligen Teile des Rumpfes. Drehungen (→ *rotation)* können nur im *base fixée* ausgeführt werden, Neigungen (→ *inclinaison)* auch im → *milieu fixé* und im → *sommet fix*é. Alle → *double* und → *triple dessins* können nur im *base fixée* vorgenommen werden. Die Neigung oder Drehung Drehung findet von unten statt, dies kann 1. im Block (→ *composé dessiné*) oder 2. durch einzelne Körperteile (→ *annelé)* erfolgen.
Das 1. *base fixée* ist in der Mechanik, z. B. bei dem Metronom, zu finden: Der in sich starre Zeiger wird von unten geneigt.
In der Natur findet man das 2. *base fixée* in der Pflanzenwelt:
Die in sich flexible Pflanze wird durch eine Strömung bewegt, die Wurzeln sind fest im Boden verankert oder „fixiert“.

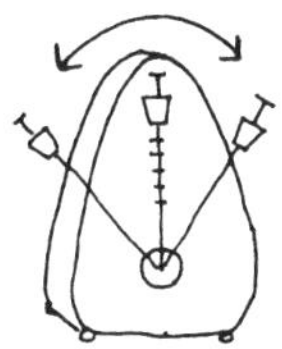

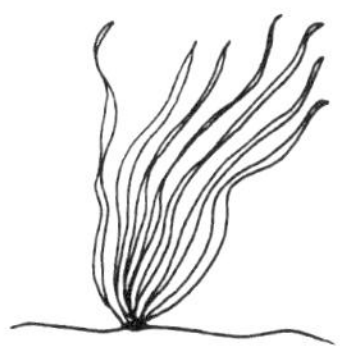

Bassin Becken

Eine Beckenneigung (→ *inclinaison)* nach vorn oder hinten wird immer vom Beckenrand, also vom oberen Teil des Beckens, bezeichnet. Eine Beckenverschiebung (→ *translation)* geschieht immer bei aufrechtem Zustand des Beckens. Der Impuls geht von der Gesäß- bzw. der Leistenmuskulatur aus.

Belle courbe

schöne Kurve,
„harmonischer Bogen"

Eine *belle courbe* kann im Rumpf, mit Hals und Kopf, in den Beinen und Armen, sogar in der Hand (→ *ombrelle)* gebildet werden, d. h. die einzelnen Teile der zu beugenden Körperteile werden nur leicht in stumpfen Winkeln gebeugt.
Alle Harmonisierungen (→ *harmonisation)* der Arme und Beine müssen in der *belle courbe* geschehen.

Entwicklung der **belle courbe** in den **Armen:**

Die Arme sind schräg abwärts zur Seite oder diagonal nach vorn (V-Form) oder hinten gestreckt, die Hände in der Verlängerung der Unterarme, die Handteller zur Erde gerichtet.
Langsam die Finger spreizen, gleichzeitig krümmen sich die Finger zur → *ombrelle* und das Hand- und Ellbogengelenk zu einem stumpfen Winkel. Die Ellbogen müssen nach unten ausgerichtet sein, die Hände dürfen nicht seitlich abgeknickt werden.

Denselben Vorgang schnell und plötzlich.

ÜBUNGEN mit der *belle courbe*:

Transport der **belle courbe nach oben**, die **Handteller** sind in der AUSGANGSPOSITION **zum Körper** gerichtet:

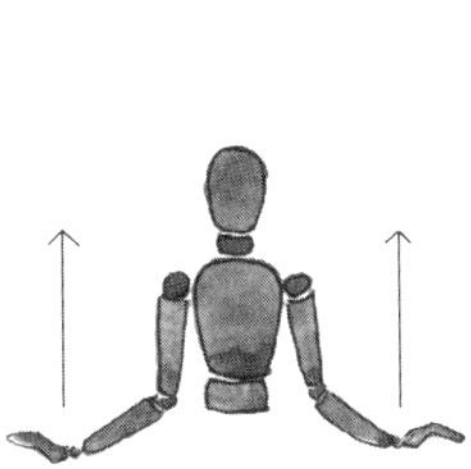

Entwicklung der *belle courbe* seitlich, dann alle Gelenke feststellen und die Bögen von der Armkugel aus seitlich nach oben führen. Die Finger schließen und strecken sich bei dem Vorgang; die Fingerspitzen berühren sich leicht, die Handteller sind jetzt nach oben gerichtet. Die *belle courbe* muß wie ein gotischer Spitzbogen aussehen.

Transport der **belle courbe nach oben**, die **Handteller** sind in der AUSGANGSPOSITION nach **oben** gerichtet:

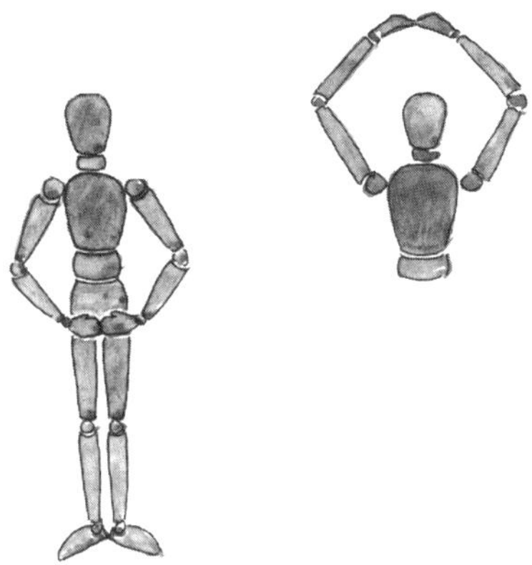

Zunächst wird eine *belle courbe* schräg nach unten vor dem Körper gebildet, die Ellbogen sind nach außen gedreht, die Handteller sind zum Körper gerichtet. Die Fingerspitzen berühren sich leicht. Wieder werden alle Gelenke festgestellt und die Arme vor dem Körper nach oben geführt; die Handteller sind jetzt nach unten gerichtet. Es muß wieder ein Spitzbogen entstehen.

Die *belle courbe* im ganzen Körper findet man in einer → *inclinaison annelée* seitlich, vor- oder rückwärts. Das Spielbein ist bei der seitlichen Neigung im auswärtsgedrehten Zustand leicht abgewinkelt, so daß die *belle courbe* durch den ganzen Körper läuft.

Bras

Arm

Der Arm unterteilt sich in Oberarm, Unterarm und Hand.
Die drei Glieder können auch getrennt voneinander bewegt werden.

ANWENDUNG: Es sind folgende Bewegungsarten der Arme möglich:

a) als Resonanz einer Körperbewegung, d. h. als → *harmonisation* in der → *belle courbe* oder im → *mousseline;*

b) autonom, als dekorativer Bewegungsablauf, als Werkzeug bei der → *évocation* und Handhabung eines Gegenstandes, als emotionales Ausdrucksmittel.

Für die Disziplinierung der Arme, d. h. um sie komplex oder aber auch in ihren Einzelteilen zu üben, sind folgende ÜBUNGEN empfehlenswert:

a) Beide Arme strecken sich in Schulterhöhe zur Seite, die Hände in der → *palette,* Handteller nach unten gerichtet. Nun bewegt sich der eine Arm etwas nach oben, der andere nach unten, so daß sich beide Arme in einer schrägen Linie befinden. Die Arme bewegen sich wechselseitig auf und ab und müssen immer eine Linie bilden.

BEACHTEN: Die Schultern bewegen sich leicht mit, dürfen bei der Aufwärtsbewegung aber nicht hochgezogen werden.

b) AUSGANGSPOSITION wie bei a).
Eine Hand winkelt sich im rechten Winkel nach oben ab, danach die andere, dabei zeigen die Handteller nach außen. Die rechten Winkel werden beibehalten, während sich nun die Unterarme, einer nach dem anderen, auch rechtwinklig senkrecht nach oben abwinkeln.
Die Hände werden nun wieder, eine nach der anderen, aufgerichtet, so daß sie sich in der Verlängerung der Unterarme befinden. Danach strecken sich die Unterarme nacheinander wieder in die Verlängerung der Oberarme.

BEACHTEN: Der Bewegungsablauf muß stattfinden, ohne daß eine Bewegung in der Büste geschieht. Wenn ein Glied des einen Armes bewegt wird, darf der andere Arm in den Gelenken nicht locker werden. Beide Oberarme müssen die ganze Zeit dieselbe Höhe behalten und dürfen nicht absacken.

ABWANDLUNG 1:

Die ÜBUNG b) kann nun in umgekehrter Richtung vorgenommen werden, wobei hier noch die Form der → *isolement d'énergie* geübt wird: Die Glieder, die sich nun nach unten abwinkeln, werden locker fallengelassen und schwingen kurz hin und her, ohne daß die Oberarme sich bewegen.

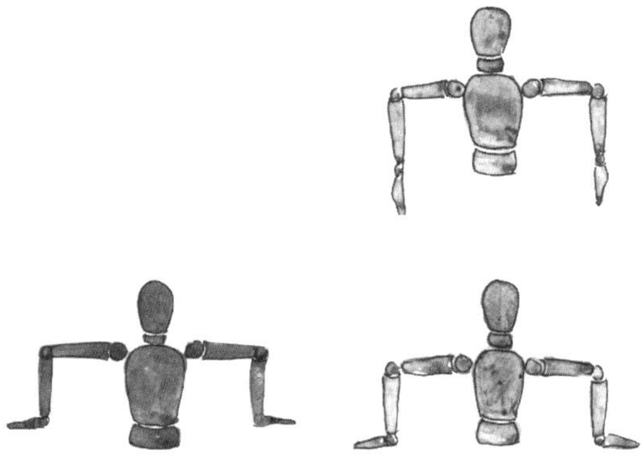

ABWANDLUNG 2:

Die Oberarme befinden sich in waagerechtem Zustand in Schulterhöhe, die Ellbogen sind nach oben und außen gedreht. Die Unterarme hängen nach unten, die Hände winkeln sich in der → *palette,* die Handteller nach unten gedreht, rechtwinklig zum Unterarm nach außen ab. Ohne daß sich die Winkel verändern, bewegen die Schultern die Arme nach oben und unten.

BEACHTEN: Die Schultern dürfen nicht nach vorn gezogen werden.

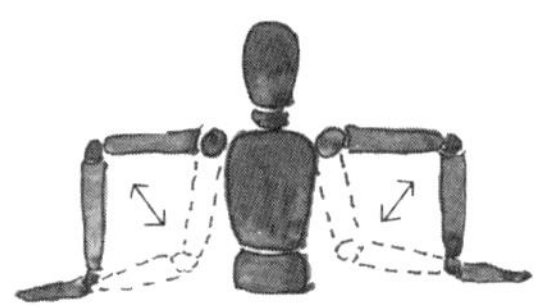

ABWANDLUNG 3:

Dieselbe AUSGANGSPOSITION wie in Abwandlung 2. Die Ellbogen drehen auf- und abwärts, d. h. sie beschreiben einen Halbkreis, wobei die Hände in der → *palette* immer an derselben Stelle und die Handteller immer nach unten ausgerichtet bleiben müssen.

Diese Übung ist eine gute VORÜBUNG für die → *ondulation* der Arme.

BEACHTEN: Auch hier dürfen die Schultern nicht nach vorn gezogen werden. Während die Ellbogen auf- und abwärts drehen, dürfen die Arme nicht gestreckt werden, sondern müssen im rechten Winkel bleiben.

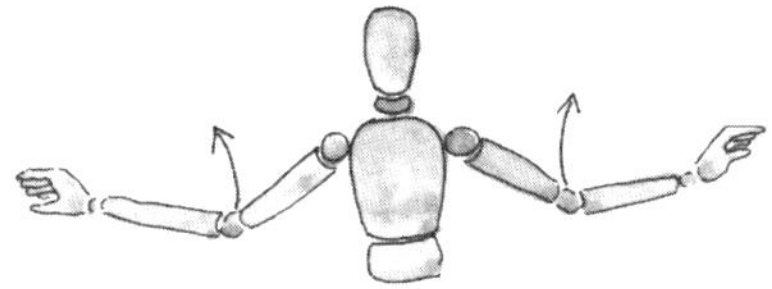

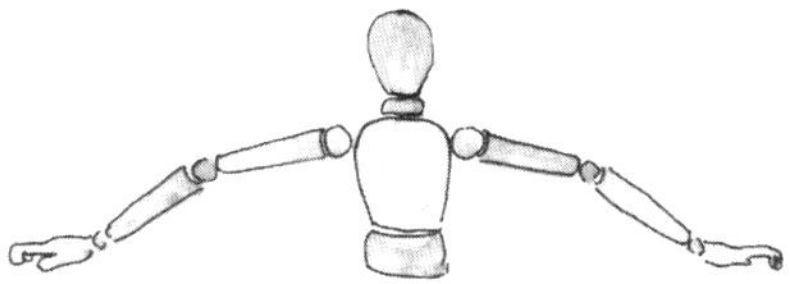

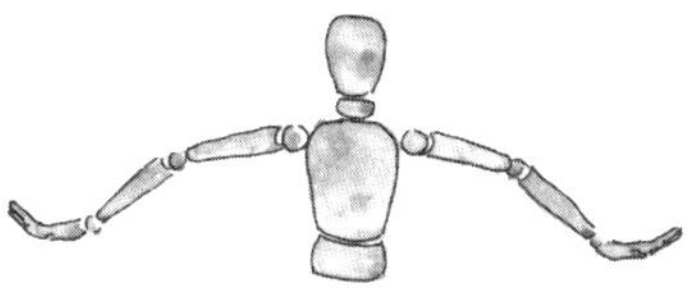

→ **Ondulation** der **Arme**

AUSGANGSPOSITION: Die Arme sind in Schulterhöhe in der → *belle courbe* gebildet, die Hände in der → *ombrelle*. Die Ellbogen drehen nach oben, im selben Augenblick bilden die Hände eine → *salamandre* und gleich danach eine → *marguerite*.
Alsdann werden die Muskeln in den Oberarmen etwas locker gelassen, und die Ellbogen drehen sich wieder nach unten, gleichzeitig bilden die Hände eine → *ombrelle*.

Die Übung kann nun alternierend ausgeführt werden, d. h. während sich der eine Ellbogen nach oben dreht, dreht sich der andere nach unten. Die Hände bilden zu den entsprechenden Zeitpunkten die → *salamandre*, → *marguerite* und → *ombrelle* unabhängig voneinander.

BEACHTEN: Während der Ellbogen nach unten dreht und die → ombrelle gebildet wird, darf die Hand nicht fallen gelassen werden. Sie muß immer auf derselben Höhe bleiben und darf weder nach vorn gedreht noch seitlich abgeknickt werden, d. h. Hand- und Schultergelenk müssen auf einer Linie bleiben. Der Arm dreht sich naturgemäß in der Armkugel, ohne daß die Schultern dabei bewußt bewegt werden.

Casserole   Kochtopf (mit rundem Boden)

AUSGANGSPOSITION: → *Tour Eiffel*, Anspannung des ganzen Körpers, die Arme liegen am Körper an. Ein Fuß stößt so stark vom Erdboden ab, daß der Körper in seiner starren Haltung zur Seite kippen muß und automatisch wieder zurückkippt.
Ohne sich wieder neu abzustoßen, schwingt er in immer kleiner werdenden Bewegungen wie ein Stehaufmännchen hin und her, bis er zum Stillstand kommt. Dieses kann nur geschehen, wenn die Körperanspannung während des ganzen Vorganges gehalten wird. Die Füße bleiben die ganze Zeit abgewinkelt.

BEACHTEN: Das vom Erdboden abstoßende Bein darf nicht hochgerissen werden, um zu kompensieren, d. h. ein Umfallen zu vermeiden. Es ist besser, die Übung noch einmal mit einem geringeren Stoß zu versuchen.

ABWANDLUNG:

Casserole mit **Viertel**- oder **halben Drehungen**

AUSGANGSPOSITION: Körperanspannung, → *Tour Eiffel* zur (z. B. rechten) Seite geneigt, der Fuß des Spielbeines ist in der Luft abgewinkelt. Man kippt nun auf die andere (linke) Seite auf den abgewinkelten Fuß, dreht auf diesem Fuß auf der ganzen Sohle eine Viertel- oder halbe Drehung vorwärts oder rückwärts und fällt sofort wieder auf die anfängliche (rechte) Seite, so daß sich der Vorgang – wie oben beschrieben – wiederholen kann.

BEACHTEN: Das Gewicht muß eher auf dem vorderen Teil des Fußes liegen; auf keinen Fall darf es sich auf die Ferse verlagern.

Catcher Ringer

ANWENDUNG: Der *catcher* ist eine Angriffs- und Verteidigungshaltung und wird bei dramatischen Aktionen verwendet.

ENTWICKLUNG des *catchers*:

In die Hockstellung gehen, wobei die Fersen auf der Erde bleiben müssen. Der Rücken wird durch diese Haltung automatisch rund. Aufrichten und dabei darauf achten, daß der Rücken bei aufgerichtetem Becken rund bleibt. Die Beine sind in den Knien leicht gebeugt, das Gewicht wird auf den vorderen Teil des Fußes verlagert, die Arme sind in der → *belle courbe* in V-Form vor dem Körper harmonisiert (→ *harmonisation*). Der Kopf steht senkrecht.

BEACHTEN: Die Arme dürfen nicht zu hoch gehalten werden, da sonst eine ungeschickte Abwehrhaltung entsteht.

Catcher aus der **1. → Position:**

Man steht in der 1. → *Position.*
Das rechte oder linke Bein gleitet schnell in die 2. → *Position,* der Rücken formt sich oberhalb des Beckens rund, die Arme harmonisieren sich (→ *harmonisation)* wie oben beschrieben.

ABWANDLUNG 1:

Viertel- oder **halbe Drehungen** im **catcher**

Man steht im *catcher,* verlagert leicht das Gewicht auf ein Bein und dreht nun auf dem Standbein eine Viertel- bzw. halbe Drehung vorwärts oder rückwärts, wobei das Spielbein ein wenig abgehoben über dem Erdboden schwebt.
Die Drehung findet auf dem vorderen Teil des Fußes und nicht auf der Ferse statt.

BEACHTEN: Der catcher darf nicht mit beiden Beinen gleichzeitig in die Drehung gesprungen werden. Auch dürfen sich die Beine bei der Drehung nicht schließen, sondern müssen in der 2. → Position bleiben.

ABWANDLUNG 2:

Gang im **catcher**

AUSGANGSPOSITION: → *Catcher*-Haltung. Während man sich vorwärts bewegt, werden die Arme parallel zum Körper im Kreuzgang, also entgegengesetzt zu den Beinen geführt. Nur beim Rückwärtsgehen oder -weichen bleiben die Arme in der Originalhaltung, also in der → *belle courbe* in V-Form vor dem Körper.
Beim Seitwärtsgehen müssen die Arme in der → *belle courbe* vor dem Körper in der entgegengesetzten Richtung des Ganges gehalten werden.

ABWANDLUNG 3:

Gang im **catcher** mit → **rotation annelée der Büste im → effacé**

AUSGANGSPOSITION: → *Catcher*-Haltung.
Drei Schritte, beginnend z. B. mit dem rechten Bein, nach dem 4. Schritt dreht sich die Büste von oben im → *annelé* → *progressif* oder → *degressif* nach rechts, erst dann setzt das gebeugte (rechte) Spielbein in derselben Richtung mit der Fußspitze im → *effacé* auf dem Boden auf, nachdem das rechte Knie erst leicht nach innen gedreht wurde, um sich dann auswärts zu drehen.

Dann folgen der Bauch und das Becken. Während die Büste sich dreht, wechseln die Arme, die sich im Kreuzgang bewegt hatten, in die Gegenrichtung.

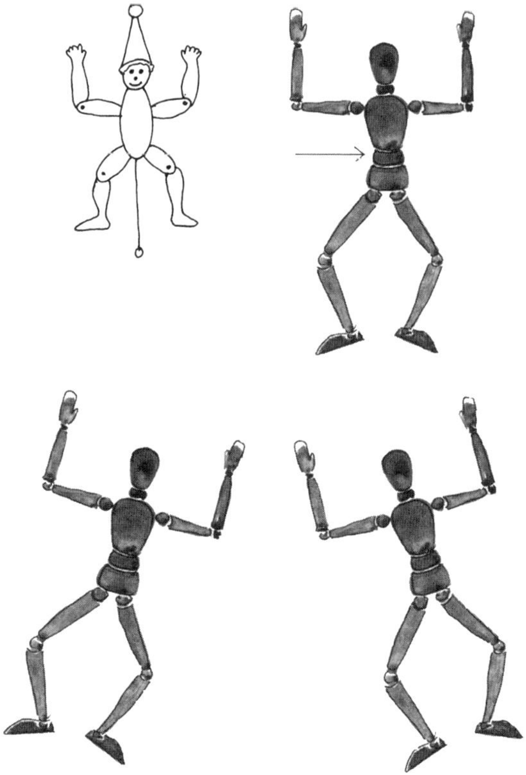

Cavalier de carton Hampelmann

AUSGANGSPOSITION: Große 2. → *Position,* d. h. eine → *Tour Eiffel*; starke Körperanspannung, das Gewicht ist in der Mitte.
Die Beine beugen sich, die Knie sind nach außen gedreht, die Arme im Ellbogengelenk rechtwinklig nach oben gebeugt, die Hände in der → *palette,* die Handteller nach vorn gerichtet. Durch einen Stoß unter einem Fuß kippt der *cavalier de carton* zur Seite.
Der Fuß des Spielbeines bleibt abgewinkelt. Wenn der Stoß stark genug gewesen ist, kippt der *cavalier de carton* nach einem kleinen Verharren auf die Gegenseite. Wiederholung des Vorganges.

BEACHTEN: Die Füße müssen die ganze Zeit abgewinkelt bleiben, d. h. man darf den Fuß nicht mit der Fußspitze bewußt aufsetzen und den Körper in die andere Richtung kippen wollen. Es muß immer ein Fallen von der einen zur anderen Seite stattfinden. Im Grunde ist es dasselbe Prinzip wie bei der → casserole. Es besteht die Gefahr, daß die Arme leicht absinken, sie müssen während der ganzen Zeit der Übung im rechten Winkel nach oben gehalten werden.

ABWANDLUNG 1:

Cavalier de carton mit **Drehungen**

Hin- und herkippen wie oben beschrieben, dabei auf dem zum Standbein gewordenen Bein eine Viertel- bzw. halbe Drehung machen.

ABWANDLUNG 2:

Cavalier de carton mit **nach vorn abgewinkeltem Rumpf**

AUSGANGSPOSITION ist der *cavalier de carton* wie oben beschrieben. Der Rumpf beugt sich in den Leisten im rechten Winkel nach vorn, die Arme sind im Ellbogengelenk im rechten Winkel gebeugt und stehen nun durch die abgewinkelte Position des Rumpfes parallel zum Fußboden. In dieser Stellung hin- und herkippen und auf dem Standbein eine Viertel- bzw. halbe Drehung machen.

BEACHTEN: Die Oberarme müssen stark nach oben genommen und die Schulterblätter zusammengezogen werden, so daß die geometrische Figur des rechten Winkels erhalten bleibt. Auch dürfen sich die Unterarme nicht dem Kopf nähern. Der Rücken muß unbedingt gerade bleiben.

Ceinture — Gürtel, Taille, Bauch

Der Gürtel oder Bauch beginnt unter dem unteren Rippenbogen und endet oberhalb des Beckenrandes. Er kann getrennt von Büste und Becken geneigt oder gedreht werden.

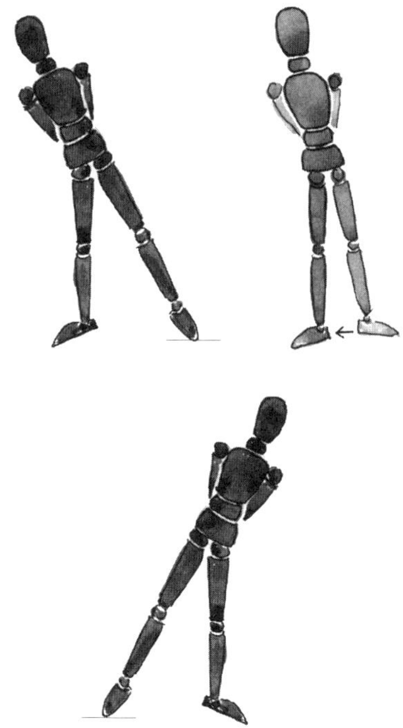

Chassé — gejagd

Chassé → Tour Eiffel

AUSGANGSPOSITION: seitlich (z. B. nach rechts) geneigte → *Tour Eiffel*. Die → *Tour Eiffel* kippt nun zur anderen Seite, gleich danach „jagt", d. h. schlägt der Fuß des Spielbeines den Fuß des Standbeines weg, wobei sich die Ferse des Fußes des Spielbeines absenkt.
Die → *Tour Eiffel* kippt gleichzeitig wieder zur Ausgangsposition zurück. Darauf erfolgt wieder eine Neigung zur anderen Seite, indem der „gejagte" Fuß sich senkt, und der Vorgang kann sich wiederholen. Natürlich bewegt man sich auf diese Weise seitlich (nach links) von der Stelle fort.

BEACHTEN: Es gilt, ein Hüpfen zu vermeiden. Weder darf sich der Fuß des „jagenden" Spielbeines in den Zehenstand erheben, noch darf sich die Ferse des „gejagten" Standbeines vom Erdboden abheben.

ABWANDLUNG:

Dieselbe Übung nach vorn oder hinten aus der 4. → *Position,* die → *Tour Eiffel* ist nach vorn geneigt. Das Spielbein muß das Standbein in der 5. → *Position* treffen und wegschlagen, d. h. die große Zehe des hinteren Fußes trifft die Ferse des vorderen Fußes und schlägt den Fuß weg. Währenddessen kippt die nach vorn geneigte → *Tour Eiffel* nach hinten. Darauf erfolgt eine Gewichtsverlagerung nach vorn, wobei der Fuß etwas nach vorn gleiten sollte, d. h. die → *Tour Eiffel* kippt wieder nach vorn, und der Vorgang kann sich wiederholen.

BEACHTEN: Während die → Tour Eiffel nach hinten kippt, muß der Rücken gerade bleiben und darf nicht ins Hohlkreuz gehen. Es ist zu empfehlen, das Becken die ganze Zeit nach hinten gekippt zu lassen.

Chassé → Tour Eiffel auf der **Stelle**

AUSGANGSPOSITION: seitlich geneigte → *Tour Eiffel.*
Das Spielbein schlägt das Standbein, wie oben beschrieben, weg, und die → *Tour Eiffel* kippt gleichzeitig zur anderen Seite.
Dadurch wechseln Stand- und Spielbein. Das zum Spielbein gewordene Bein schlägt nun das Standbein zur Seite weg, so daß die Ausgangsposition wieder erreicht wird und der Vorgang sich wiederholen kann. Dieselbe Übung nach vorn und hinten.

Chassé fléchi *chassé* mit gebeugten Beinen

AUSGANGSPOSITION: 1. → *Position*, → *demi-flexion*, der Rumpf ist senkrecht, starke Anspannung. Das eine (z. B. linke) Bein ist im → *dégagé* auswärts gedreht zur Seite gestreckt, das Gewicht ruht vollständig auf dem anderen, gebeugten Bein. Man macht nun eine → *translation* zur Seite des gestreckten Beines, so daß sich das gestreckte Bein beugen muß und zum Standbein wird, und schlägt sofort mit dem Fuß des zum Spielbein gewordenen (rechten) Beines gegen die Ferse des gebeugten Standbeines, so daß sich jenes wieder streckt und als Spielbein mit den Zehenspitzen auf dem Boden aufkommt. Auf diese Weise bewegt man sich seitlich (nach links) von der Stelle fort.

BEACHTEN: Das Becken muß festgestellt werden und darf nicht nach rechts oder links abkippen. Auch der Oberkörper darf nicht durch eine Neigung kompensieren. Bei der → translation muß der Körper immer in derselben Höhe bleiben. Es ist zu empfehlen, das gestreckte Bein etwas zur Seite gleiten zu lassen, so daß die so entstandene 2. → Position größer wird, um dann erst das Bein zu „verjagen". So entsteht im Rumpf bei der Fortbewegung des chassé eine fließende Bewegung.

Chassé fléchi auf der **Stelle**

AUSGANGSPOSITION: Wie oben. Das Spielbein schlägt das Standbein weg, dadurch wechseln Stand- und Spielbein. Der Vorgang wiederholt sich nun zur anderen Seite.
Die ÜBUNG ist seitlich wie vor- und rückwärts auszuführen.

Chassé bascule

AUSGANGSPOSITION: → *Bascule* zur Seite, nach vorn oder hinten. Über die → *Tour Eiffel* kippt die → *bascule* in die entgegengesetzte Richtung. Das gestreckte Bein ist nun das Spielbein und kann das Standbein „verjagen". Während des *chassé* geht die → *bascule* sofort in die entgegengesetzte Richtung, und der Vorgang wiederholt sich. Beim *chassé* nach vorn oder hinten muß immer die 5. → *Position* getroffen werden.

Chevauché — übergreifend, überlappend

ANWENDUNG: Das *chevauché* ist eine fließende Bewegung, die entweder als VORÜBUNG für das → *fondu vaporeux* oder auch als schwebende, schwingende Bewegung für die Darstellung von Geschehnissen in der Schwerelosigkeit oder in einer Unwirklichkeit anzuwenden ist.

AUSGANGSPOSITION: Kleine 2. → *Position*, → *grande chaleur*.
Der Kopf zieht ein Körperteil nach dem anderen nach oben.
Bereits kurz vor Erreichen des Zehenstandes aber sacken, vom Kopf angefangen, die Körperteile der Reihe nach wieder in sich zusammen bis zur → *grande chaleur*.
Bevor die Fußsohlen jedoch den Boden berühren, zieht sich der Kopf, gefolgt von den anderen Körperteilen, schon wieder nach oben. Noch ehe das Strecken oder Zusammensinken in den Füßen endet, beginnt

der Kopf mit der Bewegung in die Gegenrichtung: Auf- und Abwärtsbewegung überlagern einander, die Bewegungen von Füßen und Kopf „überlappen“ sich.

BEACHTEN: Bei der Straffung des Rumpfes vom Kopf her ist darauf zu achten, daß die Büste nicht nach hinten kippt und dadurch eine → liane-Bewegung entsteht.

Cheveux Haare

Grundposition bei Handübungen, → *main*

Chute Fall, Sturz

AUSGANGSPOSITION: → *Grande chaleur*. Kleines → *effondrement* in den Knien. Gleich danach eine Vierteldrehung z. B. nach links, die Achse bleibt in der Mitte.
Während des Drehens beugen die Knie stärker, bis ein Abstand von ca. 30 cm vom Erdboden erreicht ist. Erst dann wird das Gewicht auf das rechte Bein verlagert und zwar so stark, daß man seitlich auf den rechten Oberschenkel gelangt. Danach dreht sich der Körper auf den Rücken, der Kopf wird sanft hingelegt.

BEACHTEN: Die Drehung darf nicht mehr als 90 Grad betragen, da sonst das Steißbein beschädigt werden könnte. Auf keinen Fall dürfen die Hände den Fall abstützen wollen. Die Beine müssen völlig locker bleiben und dürfen nicht in einer Reflexbewegung wieder nach oben schnellen.

Compensation Ausgleich, Kompensierung

Eine Kompensierung kann positiv oder negativ sein.

Eine **positive** Kompensierung ist einer → *harmonisation* gleichzusetzen, und zwar immer dann, wenn das optische und tatsächliche Gleichgewicht gewahrt bleiben muß.

Schon beim menschlichen Gang ist durch die entgegengesetzte Armbewegung zu den Beinen eine Kompensierung erlebbar. Deutlicher ist sie bei schweren körperlichen Arbeiten (Sport, Transportieren von schweren Lasten) zu sehen.

Der höfische und klassische Tanz hat die Kompensierung und Harmonisierung im *port de bras*. In der Mime findet man die Kompensierung, also die Wahrung des optischen und tatsächlichen Gleichgewichtes, ebenfalls in der Harmonisierung der Arme.

Eine **negative** Kompensierung durch ein oder mehrere Körperteile findet u. U. statt, wenn bei gewissen Bewegungen Schmerzen entstehen. Das kann bei chronischen Schmerzzuständen bis zu Fehlhaltungen führen. Auch beim plötzlichen Auftauchen eines Schmerzes während einer Bewegung, also bei einem Ziehen in den Muskeln, kompensiert der Körper, d. h. andere Körperteile werden eingesetzt, um dem Schmerz zu entgehen und somit die Bewegung zu erleichtern.

Außerdem gibt es eine Kompensierung bei Gleichgewichtsverlust. Sehr oft geschieht die Kompensierung in der Büste oder in der Becken- bzw. Gesäßpartie. Oder aber ein Bein wird höher gerissen, als es die Übung erlaubt, um den Körper vor dem Umfallen zu bewahren.

Composé dessiné zusammengesetzt, gezeichnet

Mit dem *composé dessiné* wird die in sich starre Haltung mehrerer Körperteile oder eines in sich beweglichen Körperabschnitts bezeichnet, die man sich als kristallisiert und festgehalten, also „zusammengeschweißt“ denkt und im Block neigt oder dreht. Die Bewegung geht vom untersten mehrerer zusammen- und festgehaltener Körperteile aus. Das Gegenteil des *composé dessiné* ist das → *annelé.*

Conforme übereinstimmend

Alle Körperteile folgen der von oben oder unten angegebenen Richtung in der Neigung (→ *inclinaison)* oder Drehung (→ *rotation).*

Contraire entgegengesetzt

Contredit

widersprochen, widersprüchlich

Das *contredit* ist bei der Neigung (→ *inclinaison)* oder der Drehung (→ *rotation)* zu finden, d. h. der eine Körperteil neigt oder dreht sich in die eine Richtung, der andere Körperteil „widerspricht" der angegebenen und neigt oder dreht sich „→ *contraire*" in die entgegengesetzte Richtung.

Contrepoids

Gegengewicht

ANWENDUNG: Durch Einsetzen des Körpers als Hebel kann ein imaginäres Gewicht transportiert werden.

Die Hebelwirkung erfolgt durch die → *inclinaison à milieu fixé*, dadurch entsteht ein Gegengewicht zu der zu transportierenden Last. Dem → *milieu fixé* muß immer ein → *effondrement* vorausgehen, durch das die Energie freigesetzt wird. Wichtig für die Ausführung eines *contrepoids* ist die Vorstellungskraft, d. h. man muß das Gewicht des Gegenstandes „tatsächlich spüren".

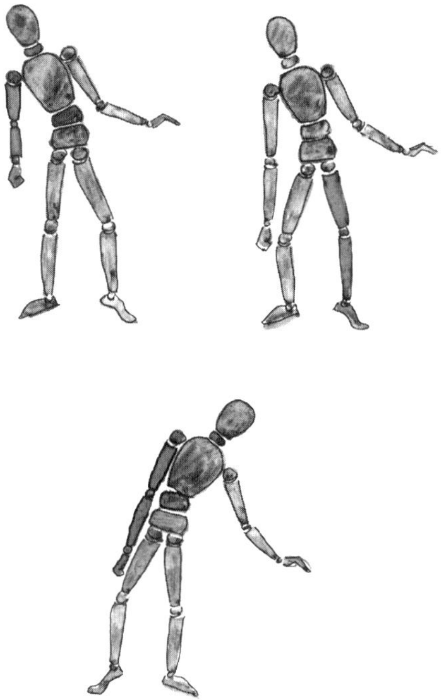

Es können hier nur einige BEISPIELE beschrieben werden:

Heben eines imaginären Gegenstandes **seitlich**

(z. B. eines schweren Koffers)

AUSGANGSPOSITION: Kleine 2. → *Position,* das Gewicht liegt auf dem Bein, das der Last am nächsten steht (z. B. auf dem rechten), das (linke) Spielbein ist harmonisiert (→ *harmonisation),* d. h. leicht gebeugt und auswärts gedreht, die Ferse vom Boden abgehoben.
Die (rechte) Hand greift den Henkel des Koffers, der Arm ist nicht ganz durchgedrückt. Nicht immer ist der Griff in Beckenhöhe, so daß die Büste noch etwas geneigt und das Knie noch etwas gebeugt werden muß.
Obwohl das Gewicht zunächst auf dem Bein, das dem Gegenstand nahe ist, liegt, muß doch die vertikale Achse „mittig" gedacht werden.
→ *Effondrement* auf dem (rechten) Standbein und → *milieu fixé* des Beckens zur Spielbeinseite (nach links), währenddessen drückt sich das (linke) Bein durch, und das Gewicht liegt nun auf dem ehemaligen Spielbein. Der den Gegenstand hebende Arm streckt sich und ist dicht am Körper. Das rechte Bein wird nun harmonisiert, ebenso der linke Arm, der diagonal vor dem Körper, ungefähr in Bauchhöhe, in der → *belle courbe* gehalten wird. Gleichzeitig neigt sich die Büste im → *annelé* nach links, der Bauch aber bleibt senkrecht.

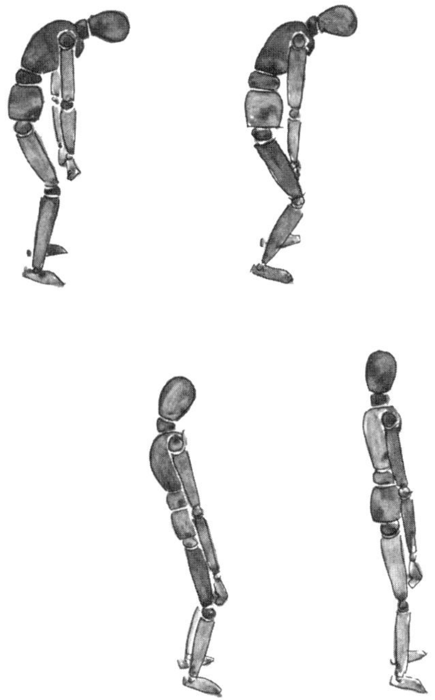

Heben eines imaginären schweren Gegenstandes **frontal** mit beiden Händen

AUSGANGSPOSITION: 2. → *Position,* der Rumpf ist, im Rücken leicht gerundet, über den Gegenstand gebeugt. Die Hände umfassen den Gegenstand, die Arme sind leicht gebogen. → *Effondrement* in den Knien, → *milieu fixé* des Beckens nach hinten, die Knie schieben sich stark nach vorn. Der Rücken bleibt rund.
Während der Körper sich nach hinten neigt, strecken sich die Arme. Auch die Beine strecken sich, aber nicht ganz, und ziehen dadurch den Gegenstand nach oben.
Um den Gegenstand von der Mitte auf die Seite, z. B. nach rechts, zu wechseln, muß sich die Büste im → *annelé* nach links neigen. Auch das Becken kippt im → *milieu fixé* nach links. Der rechte gestreckte Arm zieht den Gegenstand mit Schwung auf die rechte Körperseite. Das Gewicht verlagert sich von der Mitte auf das linke Bein, der linke Arm ist schräg nach vorn harmonisiert (→ *harmonisation).*
Um den Gegenstand wieder abzusetzen, neigt sich die Büste im → *annelé* nach rechts. Das Gewicht verlagert sich auf das rechte Bein, das sich im Knie leicht beugt. Der gestreckte Arm bewegt sich langsam nach unten und beugt sich, sobald der Gegenstand den Boden berührt.

BEACHTEN: Sobald der Gegenstand hochgehoben ist, müssen die Arme unter starker Muskelanspannung gestreckt bleiben, um die Schwere des Gegenstandes zu zeigen.

ABWANDLUNG:

Dieselbe ÜBUNG kann mit einer Hand ausgeführt werden.

AUSGANGSPOSITION: 2. → *Position.* Eine Hand greift frontal in der Mitte des Körpers den Griff des Gegenstandes. Der andere Arm ist seitlich ziemlich hoch in der → *belle courbe* harmonisiert (→ *harmonisation).* Der Bewegungsablauf erfolgt nun genau so wie oben beschrieben.

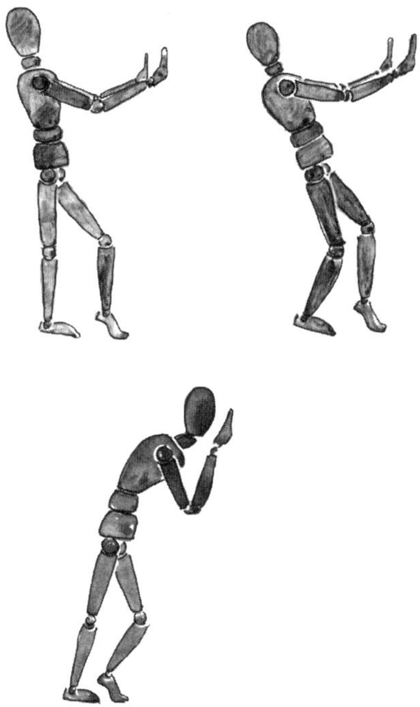

Schieben eines schweren Gegenstandes

(z. B. eines Schranks)

AUSGANGSPOSITION: 2./4. → *Position* (z. B. links vor rechts) vor dem Gegenstand. Die Hände liegen in der Haltung des → *trident* an dem Gegenstand, die Arme sind stark gebeugt, der Kopf ist etwas zur Seite (hier nach rechts) gedreht, der Rumpf leicht zur offenen Seite (nach rechts) gedreht. Schwungholen (→ *déplié)* nach hinten. Während des Schwungholens, also einer Gewichtsverlagerung auf das hintere (rechte) Bein, strecken sich die Arme.
→ *Effondrement* auf dem hinteren Bein, → *milieu fixé*, gleichzeitig zieht das vordere (linke) Bein im → *étai* bis kurz vor das hintere (rechte) Bein in eine 3. → *Position* zurück, um das Körpergewicht zu übernehmen. Der Rumpf dreht sich völlig zu dem Gegenstand, und das Gewicht muß nun ganz auf dem vorderen (linken) auf der halben Spitze stehenden Fuß liegen. Die Büste bildet eine Neigung im → *annelé* nach vorn, um eine Kraftlinie entstehen zu lassen, die

Arme beugen sich stark, der Kopf ist zur Seite gedreht. Die Hände müssen sehr angespannt sein, um den Widerstand zu zeigen.
Im → *marche à piston* bewegt man sich fort.

ABWANDLUNG:

Ziehen eines schweren Gegenstandes **hinter sich**
(z. B eines Wagens)
erfolgt nach dem selben Prinzip:

AUSGANGSPOSITION: 2./4. → *Position* (z. B. links vor rechts). Das Gewicht liegt auf dem hinteren (rechten) Bein, der Rumpf ist leicht zur offenen Seite (nach rechts) gedreht. Der hintere (rechte) leicht gebeugte Arm faßt den Griff hinter sich, der vordere (linke) Arm ist schräg nach vorn harmonisiert (→ *harmonisation).* → *Effondrement* auf dem hinteren Bein, → *étai* im vorderen Bein und Gewichtsverlagerung auf letzteres. Neigung der Büste im → *annelé* nach vorn, und zwar in Zugrichtung.
Der ziehende Arm streckt sich unter großer Muskelanspannung, der freie Arm bleibt nach vorn harmonisiert, der Kopf ist nach vorn gerichtet.
Fortbewegung im → *marche à piston.* u. U. kann der zweite Arm auch nach hinten genommen werden, so daß mit beiden Armen gezogen werden kann.

Ziehen eines fixierten Gegenstandes **seitlich**

AUSGANGSPOSITION: 2. → *Position,* der Körper neigt sich leicht zu dem Gegenstand (z. B. nach rechts), das Gewicht liegt auf dem Bein, das der Last am nächsten steht. Die (rechte) Hand umfaßt in Beckenhöhe den Griff oder Ring, der Arm ist rechtwinklig gebeugt, der freie (linke) Arm harmonisiert (→ *harmonisation).*
→ *Effondrement* auf dem (rechten) Standbein, gleich danach erfolgt ein → *milieu fixé* des Beckens von der Last weg (nach links).
Die Büste neigt sich im → *annelé* in Zugrichtung (nach links), der ziehende Arm streckt sich vollständig.
Um die Übung kraftvoller zu gestalten, kann zusätzlich zum → *milieu fixé* ein → *étai* im Fuß des Spielbeins erfolgen.

ABWANDLUNG:

Da weniger Kraft zur Verfügung steht, wenn seitlich gezogen wird, kann die Übung auch so abgewandelt werden, daß sich der Ziehende während des → *milieu fixé* mit der Büste in Zugrichtung dreht. Auch der Fuß im → *étai* steht dann nicht mehr seitlich, sondern dreht in Zugrichtung.

Ziehen in der **Diagonalen** (Seil)

Ausgangsposition: Große 2./4. → *Position* (z. B. rechts vor links). Das Gewicht liegt auf dem vorderen leicht gebeugten Bein. Der Rumpf steht zur offenen Seite (links). Das Seil liegt diagonal vor beiden

Füßen. Der Rumpf beugt sich zum Seil, die rechte Hand greift das Seil, die linke ebenfalls in geringem Abstand hinter der rechten, beide Hände heben das Seil bis in Beckenhöhe hoch. Der Vorgang des Ziehens beginnt: Der rechte Arm ist leicht, der linke im rechten Winkel gebogen. → *Effondrement* auf dem vorderen (rechten) Bein, → *milieu fixé* im Becken in die Diagonale nach hinten, das Gewicht liegt noch in der Mitte.
Gleich danach zieht der Rumpf mit rundem Rücken in die Diagonale nach hinten, das Gewicht wird auf das linke Bein verlagert, beide Arme strecken sich, die Fäuste bleiben zunächst auf derselben Stelle. Der Rumpf zieht mit den Armen weiter nach hinten, die Arme setzen dann allein den Zug – an der (linken) Standbeinhüfte vorbei – fort. Die linke Hand greift das Seil vor der rechten Hand, der Arm streckt sich ganz. Während das Gewicht sich wieder auf das vordere (rechte) Bein verlagert, faßt die rechte Hand das Seil vor der linken Hand, der rechte Arm ist wieder leicht, der linke Arm rechtwinklig gebogen. Der Vorgang kann sich aufs neue wiederholen.

BEACHTEN: Beide Fäuste müssen immer in einer Höhe bleiben, beim eigentlichen Ziehen wie beim Übergreifen, um die → evocation des Seiles zu gewährleisten.

Auf- und Zudrehen (ein Rad, horizontal)

„Auf!“: AUSGANGSPOSITION: 2. → *Position*.
Das Gewicht liegt auf dem leicht gebeugten linken Bein, das rechte Bein ist ebenfalls leicht gebeugt und auswärts gedreht, die Ferse vom

Boden abgehoben. Beide Hände umfassen das Rad an den gegenüberliegenden Seiten. Die Büste wird im → *triple dessin* „rechts, links, vorn“ über das Rad gebeugt. Um die Kraftlinie zu erhalten, geschieht dies im → *annelé.* → *Effondrement* auf dem linken Bein, → *milieu fixé* des Beckens nach rechts. Die Büste macht ein halbe Kreisbewegung nach rechts und bildet dabei ein → *triple dessin* nach „links, rechts, vorn“ im → *annelé.*
Gleich danach vollenden die Hände parallel zueinander entgegen dem Uhrzeigersinn die Kreisbewegung der Büste. Die rechte Hand läßt das Rad los und faßt das Rad an einer anderen Stelle, gleich danach läßt die linke Hand das Rad los und greift auf der gegenüberliegenden Seite das Rad. Das Gewicht wird nun auf das linke Bein zurückverlagert, die Büste geht in ihre Ausgangsposition nach „rechts, links, vorn“ zurück, und der Vorgang kann sich wiederholen.

„Zu!“: Um das Rad wieder zuzudrehen, findet der Bewegungsablauf in entgegengesetzter Richtung statt, also: Das Standbein ist das rechte Bein, die Büste im → *triple dessin* „links, rechts, vorn“ im → *annelé* über das Rad gebeugt. → *Effondrement* auf dem rechten Bein, → *milieu fixé* des Beckens nach links. Die Büste macht nun eine halbe Kreisbewegung nach links und bildet dabei ein → *triple dessin* „rechts, links, vorn“. Die Hände vollenden die Kreisbewegung im Uhrzeigersinn.

Cou — Hals

Der Hals reicht von der Unterkante des Unterkiefers bis in Höhe der Schlüsselbeine.

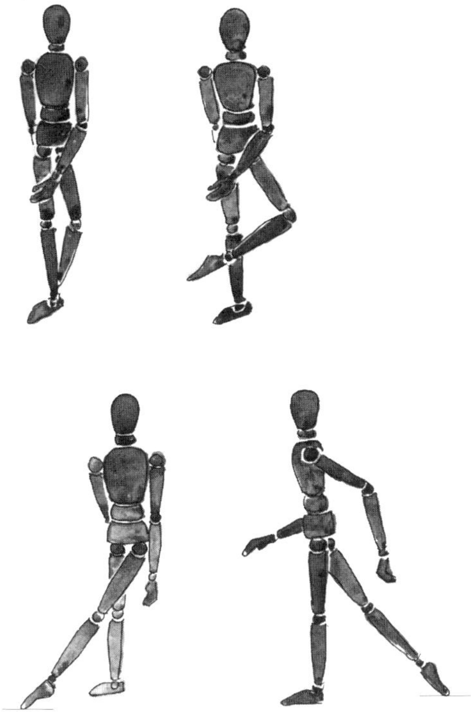

Croisé — gekreuzt

Im *croisé* wenden, heißt zur geschlossenen Seite wenden, also zur Seite des Standbeines, im Gegensatz zum → *effacé* (zur offenen Seite, also in Richtung des Spielbeins, wenden).
Man will sich nach rechts wenden und steht auf dem rechten Bein, das leicht gebeugte Spielbein ist hinten, die Fußspitze setzt auf dem Fußboden auf.
Nun legt sich der Unterschenkel des Spielbeines – der Fuß ist gestreckt – an das Schienbein des Standbeines, unterhalb des Knies, also parallel zum Fußboden. Jetzt zieht der Fuß des Spielbeines um 90 Grad nach rechts, die Zehen setzen zuerst auf dem Fußboden auf, das Gewicht verlagert sich auf dieses Bein, welches nun zum Standbein wird.
Erst dann folgt der ganze Körper, der sich nun in die neue Richtung wendet. Gleichzeitig dreht das zum Spielbein gewordene Bein stark auswärts. Die Arme wechseln in dem Moment, in dem sich der Körper zur neuen Seite dreht, um einen Paßgang zu vermeiden.

ABWANDLUNG:

Die Wendung im *croisé* kann mit einer Drehung der Büste im → *annelé* oder im → *composé dessiné* verbunden werden. Die Drehung der Büste findet statt, dann legt sich der Unterschenkel des Spielbeines an das Standbein. Der Fuß des Spielbeines ist stark gestreckt. Nun zieht der Fuß in die von der Büste angegebene Richtung. Sobald das Gewicht verlagert wird, folgen Bauch und Becken im → *annelé* ebenso in die neue Richtung. Die Arme werden wie oben beschrieben bewegt.

Dégagé freigemacht, losgelöst

Das *dégagé* findet man in der Beinarbeit immer dann, wenn ein Bein autonom eine Aktion vornehmen soll. Es wird an der Stange (→ *à la barre*) wie auch im Raum angewendet. Ein *dégagé* kann in alle Richtungen ausgeführt werden, also seitlich, nach vorn oder nach hinten.

AUSGANGSPOSITION: 1. oder 5. → *Position.*
Das Gewicht liegt in der Mitte. Um ein *dégagé* vorzunehmen, muß das Gewicht auf ein Bein verlagert, also eine → *translation* vorgenommen werden. Sobald das Gewicht auf einem Bein liegt, schiebt sich das zum Spielbein gewordene Bein mit gestrecktem Fuß in die

neue Richtung, also von der 1. in die 2. → *Position* oder von der 5. in die 4. → *Position* vorn oder hinten. Nur die Zehen haben Kontakt mit dem Fußboden, die Ferse ist abgehoben.

BEACHTEN: Auf keinen Fall darf nun das Gewicht auf den Fuß des Spielbeines verlagert werden.

Dégressif stufenweise abnehmend

Neigungen und Drehungen werden von unten begonnen, im Gegensatz zum → *progressif*.

ANWENDUNG: Ein *degressif* in der Drehung, der → *rotation*, findet statt bei Angst oder einem Abschied. Man wendet sich von etwas oder jemandem ab und löst den Blickkontakt erst ganz zum Schluß.

Demi halb

Demi cercle Halbkreis

Stangenübung, → *à la barre*

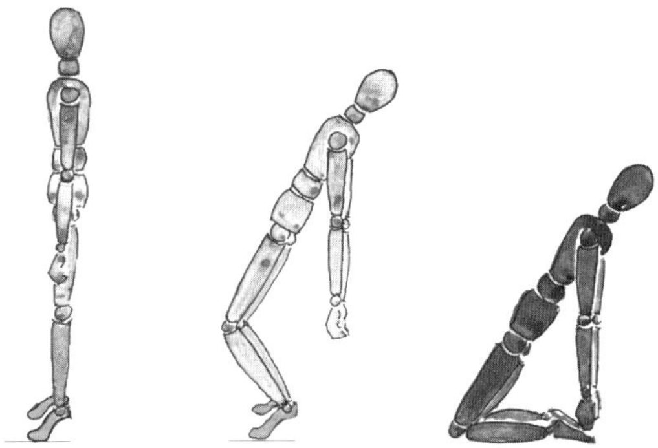

Demi Eiffel — halber Eiffel-Turm

AUSGANGSPOSITION: 1. → *Position,* starke Anspannung im Körper, Gewichtsverlagerung auf den vorderen Teil des Fußes. Halbe Spitze, wobei ein Fuß unauffällig an den anderen zieht, so daß sich beide Fersen berühren. Während in den Knien ein → *effondrement* erfolgt, muß sich das Becken stark nach vorn schieben.
Die Knie bewegen sich nach vorn und nach unten, dadurch neigt sich der Rumpf nach hinten. Langsam nähern sich die Knie dem Erdboden und kommen sanft auf. Der Rumpf hat sich währenddessen immer mehr nach hinten geneigt, ohne ins Hohlkreuz zu fallen.
Sobald die Knie auf dem Erdboden angelangt sind, richtet sich der Rumpf in die Senkrechte auf. Um wieder in den Stand zu kommen, neigt sich der Rumpf zunächst nach hinten und schiebt, ohne in den Leisten abzuknicken, in die Diagonale nach oben, die Beine strecken sich wieder. Über den vorderen Teil des Fußes gelangt man wieder auf die ganze Sohle. Während des ganzen Vorganges ist der Körper sehr stark angespannt.

BEACHTEN: Während der Körper sich schräg nach unten bewegt, ist es empfehlenswert, einen runden Rücken machen zu „wollen", um den Rücken absolut gerade zu halten und ein Hohlkreuz zu vermeiden.
Bei der Schlußphase der Abwärts- wie Aufwärtsbewegung darf der Rumpf nicht in den Leisten abknicken, d. h. in die Senkrechte gehen.
Er muß sich während der Ausführung der Übung die ganze Zeit in der Schräge befinden.

Demi-flexion — halbe Beuge

Eine *demi-flexion* kann in allen Positionen, auf beiden wie auch nur auf einem Bein ausgeführt werden. In der Ausführung wird das Bein oder die Beine nur leicht in den Knien bis zu einem Winkel von ca. 90 Grad gebeugt.

ANWENDUNG: Sie ist oft die Vorbereitung für eine Aktion, z. B. beim → *contrepoids*.

Demi-grue — halbe Kranbewegung

Die *demi-grue* kann in der → *Tour Eiffel* oder in der → *bascule* an der Stange wie im Raum durchgeführt werden.

Der Drehpunkt liegt im Hüftgelenk des Standbeines. Der Körper befindet sich immer in einer geraden Linie, Kopf und Fuß müssen zur selben Zeit am neuen Ort sein, d. h. das Bein oder der Rumpf dürfen sich nicht getrennt voneinander, also autonom, bewegen und früher oder später als der andere Körperteil ankommen. Das bedeutet: In der Spielbeinhüfte gibt es „kein Gelenk".
Die ÜBUNG kann vorwärts wie rückwärts durchgeführt werden.
Vergleiche die → *grue*.

Demi-pointe halbe Spitze, Zehenstand

Déplié auseinandergefaltet, entfaltet

Das *déplié* ist wie ein Schwungholen, eine Vorbereitung für die eigentliche Bewegung: Der ganze Körper oder auch nur ein Körperteil gehen erst in die Gegenrichtung und dann in die beabsichtigte.

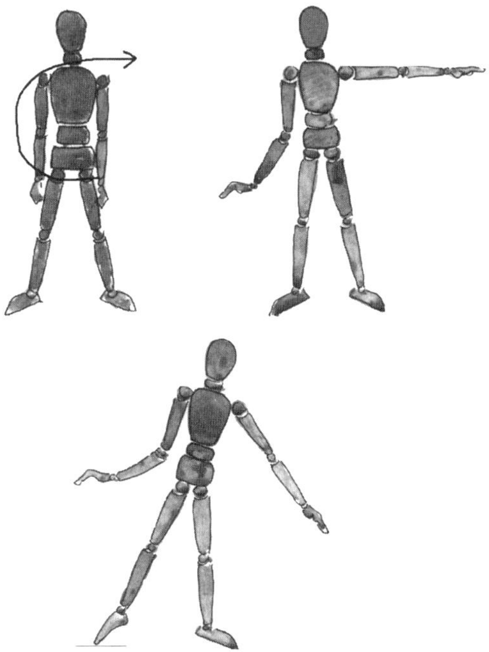

Désignation Bezeichnung, Bestimmung, das Zeigen

Um die Bewegung des Zeigens größer zu gestalten, beschreibt der Unterarm als → *déplié* einen Halbkreis vor dem Körper in die Gegenrichtung, um dann den Zeigefinger mit den nach unten gerichteten vier anderen Fingern auf das angepeilte Ziel zu richten.
Diese ÜBUNG ist in allen Richtungen in verschiedenen Körperhaltun--gen durchführbar.

BEACHTEN: Der Zeigefinger darf nicht in die Luft stechen, sondern muß sie durchschneiden.

Désignation in

a) → *Tour Eiffel*, Grundhaltung oder geneigt

b) → *bascule fléchie*

mit → *étai*,
→ *étai* und aufgesetztem → *double*
oder → *triple dessin*

BEACHTEN: Wichtig ist, daß der Arm immer der Blickrichtung bzw. der Körperrichtung folgt. Der Körper darf bei der → Tour Eiffel oder der → bascule-Haltung nicht noch zusätzlich geneigt werden, wenn das Zeigen stattfindet.

Dessin — Zeichnung, Muster, Form

Es gibt drei Arten von *dessins*

→ *inclinaison*	Neigung
→ *rotation*	Drehung
→ *translation*	Verschiebung

Dessiné — gezeichnet

Mit dem *dessiné* wird die erste Aktion einer Haltung bezeichnet. Beispiel: Der Kopf neigt oder dreht sich, die Folge wäre eine Bewegung im → *composé dessiné* oder im → *annelé*.

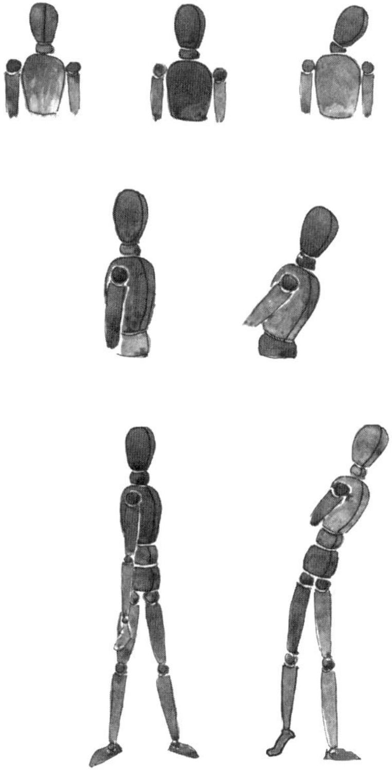

Double dessin

Doppelform

Die zwei *dessins* → *rotation* und → *inclinaison* können aufeinandergesetzt werden, wobei immer mit der → *rotation* begonnen wird. Das *double dessin* ist mit einzelnen Körperteilen im → *annelé* wie auch im → *composé dessiné* durch den ganzen Körper durchführbar.

Es gibt acht Möglichkeiten des *double dessin*:

rechts, vorn	–	links, vorn
rechts, hinten	–	links, hinten
rechts, rechts	–	links, links
rechts, links	–	links, rechts

BEACHTEN: Durch die Drehung eines Körperteiles verläßt man das absolute „vorn" und „hinten" ebenso wie die Seiten. Daher ist bei der Vorder-, Rück- oder Seitenneigung auf die neue Blickrichtung zu achten. Sie muß nun immer in den Diagonalen sein.

Effacé

ausgestrichen
fig. zurückgetreten, ausgewichen

Im *effacé* wenden, heißt zur offenen Seite wenden, also zur Seite des Spielbeines – im Gegensatz zum → *croisé*. In der Regel wendet man im *effacé* zum Publikum und muß deshalb darauf achten, daß man

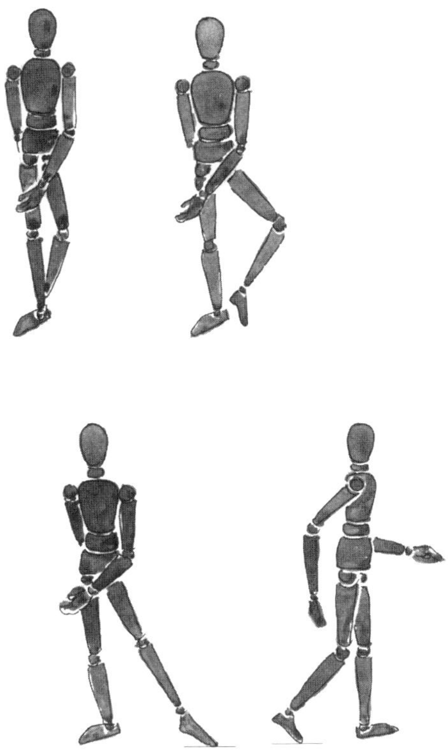

dem Publikum eher die Vorderseite als die Rückseite des Beckens zeigt. Bei einer Wendung von 90 Grad gibt das Spielbein die neue Richtung an: Man will sich nach links wenden und steht auf dem rechten Bein, das Spielbein ist leicht nach hinten gebeugt und auswärts gedreht, die Fußspitze setzt auf. Das Spielbein beugt sich, das Knie zieht in einer zunächst nach einwärts und dann auswärts gedrehten Bewegung zur Seite an dem Standbein nach links vorbei.
Die Zehen des nun gestreckten Spielbeines setzen auf dem Fußboden in 90 Grad auf, das Gewicht verlagert sich auf dieses Bein, welches nun zum Standbein wird, erst dann folgt der Körper, der sich nun in die neue Richtung wendet. Die Arme wechseln in dem Moment, in dem sich der Körper zur neuen Seite dreht, um einen Paßgang zu vermeiden. Es ist auch möglich, um 180 Grad zu drehen.

ABWANDLUNG 1:

Kopf, Hals, Büste, Bauch drehen sich im → *annelé* → *progressif* zur neuen Seite. Die Beine wenden, wie oben beschrieben. Das Becken folgt, nachdem der Fuß aufgesetzt hat und das Gewicht verlagert ist. Die ÜBUNG kann auch im *annelé* → *dégressif* ausgeführt werden.

ABWANDLUNG 2:

Dieselbe ÜBUNG im → *catcher*

Effondrement Einsturz, Zusammenbruch Zusammenbrechen

ANWENDUNG: In der dramatischen Darstellung ist das *effondrement* der körperliche „Aufschrei", d. h. bei einer Überraschungssituation positiver oder negativer Art fahren der Körper oder einzelne Körperteile in einer Reflexbewegung zusammen.
Ein → *contrepoids* wird durch ein *effondrement* eingeleitet. Bevor der Körper in der Hebelwirkung eingesetzt wird, wird die Energie durch das *effondrement* freigelassen.

Das *effondrement* ist in allen Gelenken des Körpers möglich. Anders als beim Tanz das → *plié* – eine bewußt gesteuerte Beugung in den Knien – ist das *effondrement* ein kurzes, plötzliches Zusammensacken oder -ziehen in den Gelenken, das einen Überraschungseffekt hervorruft und nicht gesteuert aussehen darf.

Als Vorbereitung für ein *effondrement* werden die Gelenke in „Bereitschaft" gehalten, d. h. sie sind nicht durchgedrückt, aber auch nicht ganz gebeugt.

Effondrement in den **Beinen**

Plötzlich und sehr hart sacken die Knie zusammen und werden durch eine Muskelkontraktion in ihrer Abwärtsbewegung gestoppt.
Wenn die Muskeln sich nicht anspannen würden, hätten wir es mit einem „*effondrement total*" zu tun, d. h. der Körper stürzte zu Boden.

ÜBUNGEN:

Effondrement in beiden Knien zur selben Zeit

Effondrement in einem Knie und sofort danach im anderen, um das *effondrement* in einem Bein zu üben.

Effondrement im Standbein; das Spielbein, das absolut entspannt sein muß, schnellt als Reflexbewegung gebeugt hoch.

AUSGANGSPOSITION: 2. → *Position, effondrement* in einem Knie mit anschließender → *bascule fléchi*e auf der Seite, auf der das *effondrement* vollzogen wurde. Zurückkommen über die halbe Spitze.

AUSGANGSPOSITION: → *Tour Eiffel*, die → *Tour Eiffel* neigt so weit, z. B. nach links, bis sie durch ein *effondrement* im linken Bein gestoppt wird. Zurückkommen über die halbe Spitze.

Effondrement mit anschließenden Viertel- oder halben Drehungen vorwärts oder rückwärts. Das *effondrement* geschieht auf beiden Beinen, die Drehungen jedoch nur auf einem.
Das Spielbein hebt sich nur leicht ab, es schwebt sozusagen über dem Boden. Der Körper darf sich aber nicht zur Seite des Standbeines neigen, die Achse muß in der Mitte bleiben.

Normaler Gang, bei jedem 2. oder auch bei jedem Schritt ein *effondrement* auf dem jeweiligen Standbein.

BEACHTEN: Die effondrements in den Knien dürfen nicht „eingesprungen" werden, d. h. der Impuls darf nicht von den Füßen ausgehen, sie dürfen sich nicht vom Erdboden abheben. Das effondrement hat im allgemeinen die Tendenz nach unten.

Effondrement in den **Armen**

Die Arme werden in der Diagonale nach vorn unten oder zur Seite gestreckt gehalten. Sie dürfen nicht übermäßig angespannt sein.
Die Hände befinden sich in der → *palette,* die Handteller nach unten. Durch ein plötzliches „Zusammenziehen" von Ober- und Unterarm zu einem stumpfen Winkel und von Hand und Fingern zur → *ombrelle* entsteht ein *effondrement*; die Muskeln bleiben hinterher kontrahiert.

BEACHTEN: Die Bewegung des Zusammenziehens darf nicht zu groß sein, da sonst ein rechter Winkel in der Ellbogenbeuge und dem Handgelenk entstehen würde. Das Ziel hier ist auch wieder die → belle courbe.

Enveloppé eingewickelt, eingekreist

ANWENDUNG: Ein *enveloppé* wird immer dann als Vorbereitung angewandt, wenn anschließend ein → *pivot* oder eine → *torsion* oder eine → *rotation flexion* ausgeführt werden soll.

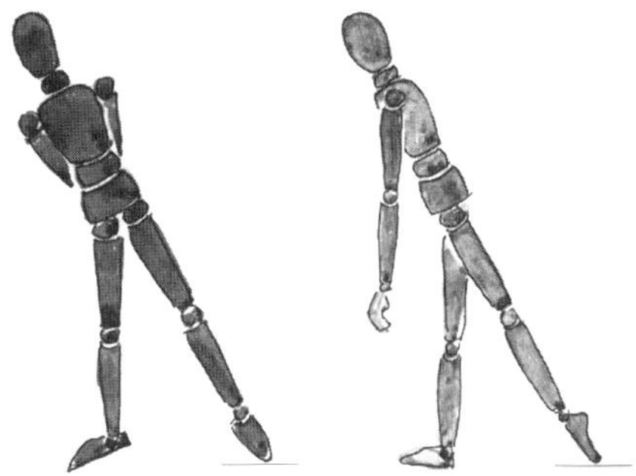

1. → *Position*, → *translation* auf ein Bein, → *degagé* seitlich des Spielbeines. Das auswärts gedrehte Spielbein beschreibt einen großen Halbkreis vor dem Standbein. Es beugt sich und stellt sich mit abgewinkeltem Fuß an die Außenkante des Fußes des Standbeines an. Nur die Zehe setzt auf.

Essieu Radachse

Man dreht sich um eine feste, schräge Achse im Raum.

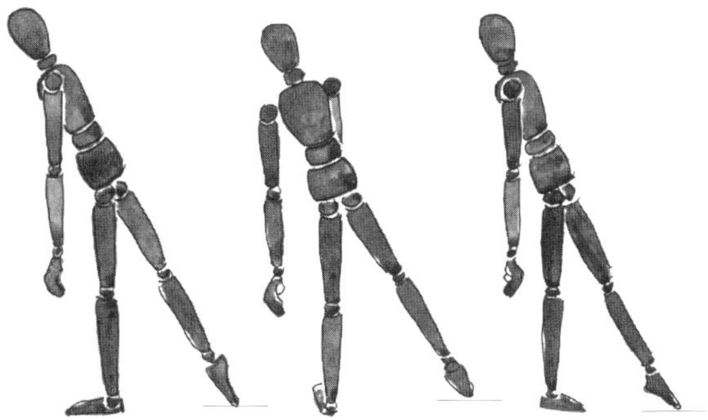

AUSGANGSPOSITION: Seitenneigung der → *Tour Eiffel* oder der → *bascule* z. B. nach rechts. Der Körper dreht sich auf dem Standbein um eine Vierteldrehung nach rechts, so daß eine → *Tour Eiffel* nach vorn entsteht.
Das Standbein wird nun von dem anderen Bein abgelöst, so daß das linke Bein zum Standbein geworden ist. Die Drehung wird nun immer in derselben Richtung fortgesetzt. Erneuter Beinwechsel, wenn die → *Tour Eiffel* nach hinten geneigt ist, und wieder eine halbe Drehung in der begonnenen Richtung.

BEACHTEN: Der Wechsel des Standbeines muß schnell erfolgen, so daß sich der geneigte Rumpf in einer kontinuierlichen Drehbewegung befindet. Während des Beinwechsels dreht sich der Rumpf unauffällig weiter. Bei der Neigung der → Tour Eiffel nach hinten darf kein Hohlkreuz entstehen.

Etai

Stützbalken

ANWENDUNG: Der *étai* spiegelt die Dynamik in der Statik wider. Er wird immer dann angewandt, wenn der menschliche Körper im Begriff ist, sein eigenes Gewicht oder das Gewicht eines schweren Gegenstandes zu transportieren.

AUSGANGSPOSITION: → *Tour Eiffel* in der 2. oder 4. → *Position.* Das eine Bein zieht plötzlich zur Mitte, wobei es sich beugt und der Fuß auf die halbe Spitze gestellt wird, während das andere Bein durchgedrückt und mit der ganzen Fußsohle auf dem Erdboden bleibt. Das volle Gewicht muß nun auf dem gebeugten Bein ruhen, d. h. die vorher imaginäre Achse wird durch das Anstellen des Beines zur tatsächlichen Achse.

Ein *étai* kann aus allen Positionen vorgenommen werden.

ABWANDLUNGEN des *étai* bei

→ *Désignation* in alle Richtungen

→ *double* und → *triple dessin*

Anwendung eines → *contrepoids,* wenn anschließend ein Gang angewandt wird, d. h. wenn ein schwerer Gegenstand gezogen oder geschoben werden soll.

BEACHTEN: Wenn das eine Bein zurückgezogen wird, darf das Becken weder zur anderen Seite bzw. nach vorn oder hinten ausweichen, um eine Kompensierung vorzunehmen. Das Becken darf sich überhaupt nicht bewegen, auch der Oberkörper muß völlig ruhig bleiben.
Um festzustellen, ob das volle Körpergewicht auf dem gebeugten Bein ruht, kann als Kontrolle das zum Spielbein gewordene Bein kurz abgehoben werden, muß dann aber gleich wieder auf den Boden gestellt werden.

Evocation

Zurückrufen, Beschwörung
Hervorrufen

Im übertragenen Sinne bedeutet eine *évocation* ein Sichtbarmachen eines imaginären Gegenstandes durch den Blick, die Hand oder den Fuß.

Exercice — Übung

Sammelbegriff für alle technischen ÜBUNGEN im Tanz und in der Mime.

Fléchi — gebogen, gebeugt

Das *fléchi* erscheint immer in Zusammensetzung von bestimmten ÜBUNGEN, z. B. → *bascule fléchie*, → *glissade fléchie*.

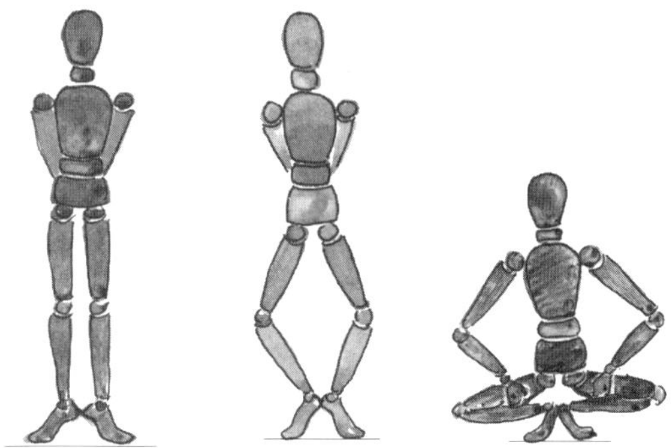

Flexion — Beugung, Beuge

AUSGANGSPOSITION: 1. → *Position*, das Gewicht schiebt sich auf den vorderen Teil des Fußes, halbe Spitze. Ein Fuß schiebt sich unauffällig an den anderen, so daß sich die Fersen berühren.
Nach einem kleinen → *effondrement* in den Knien beugen sich jene vollständig, so daß sich der angespannte Körper nach unten bewegen kann. Die Knie richten sich nach außen, der Rumpf bleibt bei senkrecht gestelltem Becken absolut senkrecht, die Hände legen sich, wenn die ÜBUNG vollendet ist, auf die Oberschenkel.
Im selben langsamen Tempo zieht der Körper sich wieder nach oben bis zum Zehenstand. Absenken der Füße auf die Sohlen, währenddessen heben die Arme zu einem leichten → *mousseline* ab und legen sich sofort wieder an den Körper an.

BEACHTEN: Bevor der Rumpf sich wieder nach oben bewegt, noch einmal die Senkrechtstellung des Beckens kontrollieren, um einen geraden Rücken zu gewährleisten.

ABWANDLUNG 1:

Flexion mit → **inclinaison der Büste** im → **composé dessiné**

Während der Abwärtsbewegung neigt sich die Büste im steifen Zustand in → *tocs* hin und her.

ABWANDLUNG 2:

Flexion mit → **inclinaison der Büste** im → **annelé**

Kopf, Hals, Büste neigen sich im → *annelé* nach vorn, hinten oder seitlich. Alsdann *flexion*. Nach Vollendung der *flexion* schieben sich die Arme in der → *belle courbe* in die Diagonale nach vorn, wobei die Hände in der → *ombrelle*, die Handteller nach oben gerichtet, leicht nach unten abgeknickt sind. Der Körper bewegt sich wieder nach oben. Einzeln drehen sich die Hände um, als ob sie eine Kugel ablegten. Die Büste richtet sich wieder auf. Nach einem kleinen → *mousseline* legen sich die Arme wieder an den Körper an, gleichzeitig senken sich die Fußsohlen wieder auf den Fußboden ab.

ABWANDLUNG 3:

Flexion mit → **liane der Büste bei Abwärtsbewegung** und mit → **ondulation der Büste bei Aufwärtsbewegung**

ABWANDLUNG 4:

Flexion mit → **mousseline der Arme**

Während der Körper sich abwärts bewegt, schweben die Arme Arme nach oben und haben, wenn der Körper unten angekommen ist, ihren höchsten Punkt erreicht, die Fingerspitzen sind dann nach oben gerichtet. Gleich danach gleiten die Arme wieder hinunter und legen sich auf die Oberschenkel.
Bei der Aufwärtsbewegung des Körpers liegen sie am Körper an und machen nur noch einmal ein kleines → *mousseline,* wenn die Füße mit der Sohle den Boden berühren.

ABWANDLUNG 5:

Flexion in **drei** oder **vier Etappen**

Bei der Abwärtsbewegung schweben die Arme wieder im → *mousseline* nicht höher als bis zu den Schultern nach oben und kommen schließlich, wenn die *flexion* vollendet ist, auf den Oberschenkeln zur Ruhe. Nun gehen die Arme im

gebeugten Zustand zur Seite; die Hände in der → *palette* mit dem Handteller nach unten, sind im rechten Winkel abgeknickt, als ob sie sich auf einer Ebene in Schulterhöhe ablegten. Jetzt zieht sich der Körper an den Händen vorbei, ein wenig nach oben, wobei die Hände im Raum stehenbleiben müssen. Gleich danach plaziert sich erst die eine und dann die andere Hand erneut in Schulterhöhe in die Luft, und der Körper zieht sich wieder an ihnen vorbei.
Dieses geschieht im ganzen drei- oder viermal bis zur halben Spitze, dann senken sich die Fußsohlen ab, während die Arme ein kleines → *mousseline* machen.

→ Demi-flexion — halbe Beugung

Fondu — geschmolzen

Das *fondu* ist eine tempo-dynamische Bezeichnung für eine langsame, verschmolzene und damit gebundene Bewegungsform, der Zeitlupe zu vergleichen.
Der ganze Körper, und zwar jeder einzelne Körperteil, befindet sich in einer ständigen, sehr langsamen Bewegung, die durch keinen Ruck gestört werden darf.

Es gibt zwei Arten des *fondu:*

a) *fondu puissant (menaçant)* kraftvoll, bedrohlich
b) *fondu vaporeux* zart, duftig, schwebend

Demzufolge ist die ANWENDUNG und Bedeutung verschieden.

Fondu puissant (menaçant)

ANWENDUNG: Das *fondu puissant* hat durch seine Körperanspannung und Erdverbundenheit dramatischen Charakter. Schleichen, angstvolles Zurückweichen, aber auch bedrohliches Herantasten an den Gegner oder die Gefahrenquelle werden durch das *fondu puissant (menaçant)* ausgedrückt. Die Dramatik wird durch ein Verharren noch erhöht. Ein → *effondrement* kann die Dramatik zusätzlich verstärken oder aber auch ganz auflösen.
Um sich im *fondu puissant* fortbewegen zu können, muß die Beckenmuskulatur stark angespannt sein, da die Kraft aus diesem Körperteil kommt. Das Becken schiebt den Körper nach vorn. Die Oberschenkelmuskulatur ist ebenfalls stark angespannt, um einen allzu schnellen Wechsel von Stand- und Spielbein bei der → *passage* zu vermeiden.
Die Fußspitze des Spielbeines setzt zuerst auf, gleichzeitig bewegt das Becken den Oberkörper vorwärts, der Fuß senkt sich nun erst mit der ganzen Sohle auf dem Boden ab. Die Arme bewegen sich im selben Tempo in der Gegenbewegung.

BEACHTEN: Die Arme dürfen sich nicht schneller als die Beine bewegen, da sonst ein Paßgang entstehen würde.

Bei einem Zurückweichen im *fondu puissant* bewegen sich die Arme nicht in der Gegenbewegung, sondern werden in der → *belle courbe* in der Diagonalen nach vorn gehalten.

Fondu vaporeux

ANWENDUNG: Situationen, in denen Traum, Unwirklichkeit oder Schwerelosigkeit ausgedrückt werden sollen, werden mit dem *fondu vaporeux* dargestellt.

Als VORÜBUNG eignet sich der → *marche d'écrasement.*

Der Gang im *fondu vaporeux* hat das → *chevauché* als Voraussetzung. Aus der → *grande chaleur* streckt sich vom Kopf her die Wirbelsäule. Die Streckung setzt sich bis in die Beine und die Füße fort, bis die Füße auf der halben Spitze stehen.
Das Spielbein setzt mit der halben Spitze vor dem Standbein auf, ganz kurz ruht das Gewicht auf beiden Fußspitzen und wird dann auf das vordere Bein geschoben, das damit zum Standbein wird. Sogleich hebt sich das hintere Bein vom Erdboden ab, gleichzeitig senkt sich der Fuß des Standbeines, und die Wirbelsäule sackt langsam Wirbel für Wirbel zusammen. Währenddessen schiebt sich das Spielbein im gebeugten Zustand am Standbein vorbei und streckt sich, und vom Kopf her strafft sich der Körper erneut, bis auch das Standbein völlig gestreckt

ist und der Fuß wieder auf der halben Spitze steht Das Spielbein setzt mit der halben Spitze vor dem Standbein auf, und der Vorgang wiederholt sich.

Die Arme bewegen sich in der Gegenbewegung im → *mousseline*, d. h. während der Körper sich streckt, sind sie ziemlich dicht am Körper. Beim Herunterkommen lösen sie sich etwas vom Körper, wobei der Ellbogen des nach vorn schwebenden Armes sich leicht nach außen dreht und die entspannte Hand etwas nach hinten abknickt. Sowie der Arm sich nach hinten bewegt, dreht der Ellbogen nach unten, und die Hand ist nach vorn abgeknickt. Die Handteller sind nie nach oben, innen oder außen gerichtet.

Glissade — Rutschen, Gleiten

Im Tanz wird die *glissade* eingesprungen, und das Spielbein gleitet nach. Der Mime kämpft jedoch gegen sein eigenes Gewicht und die Reibung des Fußes auf dem Erdboden.

Vorbereitend kann die *glissade* in EINZELÜBUNGEN aufgeteilt werden:

Glissade seitlich, z. B. nach rechts

1. → *Position*, das Gewicht liegt in der Mitte, das linke Bein „drückt“ vom Fußboden ab und schiebt das rechte Bein, welches erheblichen Widerstand leistet, nach rechts.
Das rechte Hüftgelenk darf sich dabei nicht bewegen, das rechte Bein darf auf keinen Fall autonom agieren.

Derselbe Vorgang wie oben beschrieben, aber die Ferse des zur Seite geschobenen Beines hebt sich etwas vom Fußboden ab, das Becken darf aber dabei nicht gekippt werden. Der Widerstand des rechten Beines bleibt erhalten.

Derselbe Vorgang wie oben beschrieben, gleich danach wird die Ferse wieder abgesenkt, und das Spielbein schleift mit abgehobener Ferse ein, bis sich die Fersen berühren.

Diese drei Vorgänge werden dann verbunden.

Die **glissade nach vorn** wird aus der 5. → *Position* gemacht, das Spielbein wird im gestreckten Zustand in ein → *dégagé* nach vorn gestellt.

BEACHTEN: Der Rumpf muß senkrecht bleiben und darf sich nicht drehen. Auch darf sich der Körper nicht heben und senken.
Dieses ist nur zu bewerkstelligen, wenn das Absenken des geschobenen Fußes und das Abheben der Ferse des schiebenden Beines zur selben

Zeit geschieht. Die Fersen beider Füße dürfen nicht zur selben Zeit abgehoben sein. Der Kopf ist immer geradeaus gerichtet.

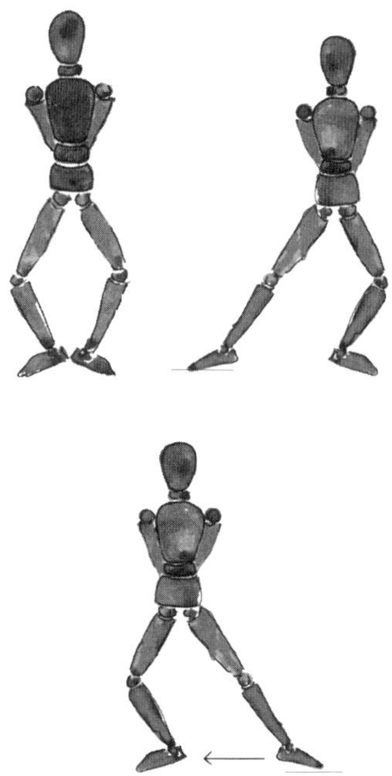

Glissade → fléchie Gleiten mit gebeugten Beinen

Zur Seite, z. B. nach rechts

AUSGANGSPOSITION: 1. → *Position*, → *demi-flexion*, Anspannung im Körper, das Becken ist aufrecht gestellt. Das Gewicht liegt zunächst in der Mitte. → *Dégagé* des rechten Beines zur Seite, → *translation* auf das linke Bein. Das linke Bein – durch die Gewichtsverlagerung zum Standbein geworden – drückt nun vom Fußboden ab und schiebt das rechte gestreckte Bein zur Seite, welches sich sofort beugt und nun zum Standbein wird.
Das linke Bein schleift ein. Beide Beine sind auswärts gedreht, so daß das Einschleifen auf der Innenkante des Fußes geschieht. Beim Einschleifen beugt sich das Spielbein, und das Gewicht, das auf das rechte Bein verlagert worden war, wird wieder nach links verlegt, das rechte Bein macht wieder ein → *dégagé*, und der Vorgang wiederholt sich.

Derselbe Vorgang **nach vorn**

AUSGANGSPOSITION: 5. → *Position*, z. B. rechts vor links; das Gewicht liegt auf dem linken gebeugten Bein, das rechte Bein ist, auswärts gedreht, nach vorn ins → *dégagé* gestreckt. Der Fuß berührt nur mit den kleinen Zehen den Boden. Nun drückt das linke Bein vom Erdboden ab und schiebt das rechte Bein, welches sofort in die Beuge geht und zum Standbein wird, nach vorn. Das linke Bein wird dadurch gestreckt und schleift, indem es sich beugt, in die 5. → *Position* hinten ein. Gleich danach erfolgt wieder eine Gewichtsverlagerung auf das linke Bein, und der Vorgang kann sich wiederholen.

ABWANDLUNG 1:

Glissade → rectiligne und **→ fléchie** mit **→ mousseline** der **Arme**

Vorgang der *glissade*. Die Arme schweben erst dann im → *mousseline* in die Gegenrichtung der *glissade*, wenn das Gewicht fast auf dem richtunggebenden Bein angekommen ist. Während die Arme hochschweben, dreht der Ellbogen des nachgezogenen Armes leicht nach oben und gleich wieder nach unten. Der andere, gebeugte Arm gelangt nur bis in Magenhöhe. Beide Arme gleiten dann schräg vor dem Körper wieder herunter. Es ist dies derselbe Vorgang wie beim → *mousseline* der Arme bei Drehung der Büste.

ABWANDLUNG 2:

Glissade → rectiligne seitlich mit **→ liane**

(siehe Zeichnung → *liane*)

AUSGANGSPOSITION: 1. → *Position*, der Oberkörper ist zu der Seite geneigt, in der die *glissade* vorgenommen werden soll. Wenn das Standbein das Spielbein zur Seite schiebt, bewegt sich der Oberkörper im → *annelé degressif* in die Gegenrichtung, er kommt in der → *liane*-Bewegung zurück, wenn das Spielbein einschleift.

Dasselbe Prinzip gilt für die
glissade → rectiligne vorwärts mit → **liane**

AUSGANGSPOSITION: 5. → *Position,* → *dégagé* eines Beines nach vorn, das Gewicht liegt auf dem hinteren Bein, der Oberkörper ist im → *annelé* nach vorn geneigt.
Während sich das Standbein abdrückt und das Spielbein im durchgedrückten Zustand nach vorn gleitet, neigt sich der Körper in der → *liane* nach hinten, und das Gewicht verlagert sich auf das vordere durchgedrückte Bein. Während der Oberkörper in der → *liane* wieder nach vorn kommt, schleift das hintere Bein in die 5. → *Position* wieder ein.

Ebenso wird bei der **glissade → fléchie seitlich** mit → **liane** verfahren

AUSGANGSPOSITION: 1. → *Position,* → *demi-flexion,* → *translation* auf ein Bein, das andere Bein ist, auswärts gedreht, im → *degagé* zur Seite gestreckt. Der Oberkörper ist im → *annelé* zu der Seite geneigt, in der die *glissade* vonstatten gehen soll. Nun drückt das gebeugte Standbein ab, in dem Moment bewegt sich der Oberkörper in der → *liane-*

Bewegung zur anderen Seite, das Spielbein gleitet zur Seite und beugt sich sofort. In dem Moment, in dem das Gewicht völlig auf dem gebeugten Standbein ruht, schleift das Spielbein, welches zunächst gestreckt ist, zur 1. → *Position* wieder ein, und der Körper bewegt sich wieder in der → *liane*-Bewegung in die Ausgangsposition.
Der Vorgang kann nun wiederholt werden.

Derselbe Vorgang kann **nach vorn** aus der **5. → Position** vorgenommen werden

Das Gewicht liegt bei der Ausgangsposition auf dem hinteren gebeugten Bein, das vordere Bein ist im → *dégagé* nach vorn gestreckt, und der Oberkörper hängt im → *annelé* nach vorn. Beim Vorwärtsgleiten findet die → *liane* nach hinten statt und kommt wieder nach vorn, wenn das hintere Bein einschleift.

ABWANDLUNG 3:

Glissade → fléchie mit gedrehten → lianen

Man kann die *glissade* → *fléchie* mit gedrehten → *lianen* vorwärts oder rückwärts beginnen.

AUSGANGSPOSITION Richtung rückwärts:
Das Standbein, z. B. rechts, ist gebeugt, das Spielbein nach

hinten gestreckt, der Körper ist im → *annelé* inclusive Becken nach vorn geneigt. Während das Spielbein, sich stark öffnend, nach hinten gleitet, das Gewicht übernimmt und sich dabei beugt, neigen sich gleichzeitig mit der Drehung um 180 Grad zur offenen Seite (hier: links) nacheinander Becken, Bauch, Büste, Hals und Kopf nach hinten.
– Die Arme folgen während der Drehung im → *mousseline,* d. h. ein Arm (hier der linke) schwebt am Bauch vorbei, der andere dreht sich in leicht gebeugtem Zustand in der Armkugel und wird nach vorn geholt; die Hand knickt dabei nach hinten ab. – Noch bevor die Drehung um 180 Grad beendet ist, dreht der (hier: linke) Fuß stark auswärts, während das Becken nach vorn kippt und alle anderen Körperteile nach sich zieht (= erste halbe → *liane*).
Mit dem Ende der Drehung zieht das Spielbein (hier: rechts) in einer → *passage* nach vorn, gleichzeitig neigt sich der Körper im → *annelé* nach hinten (= erste vollständige → *liane).*
Der gesamte Vorgang wiederholt sich nun nach vorn (= AUSGANGSPOSITION Richtung vorwärts): Das Standbein (hier: links) ist gebeugt, das Spielbein nach vorn gestreckt, der Körper ist im → *annelé* inclusive Becken nach hinten geneigt.
Während das Standbein abdrückt und das Spielbein, sich stark öffnend, nach vorn gleitet, das Gewicht übernimmt und sich dabei beugt, neigen sich gleichzeitig mit der Drehung um 180 Grad zur offenen Seite (immer noch links) nacheinander

Becken, Bauch, Büste, Hals und Kopf nach vorn. – Die Arme folgen während der Drehung im → *mousseline,* d. h. ein Arm (hier wieder der linke) schwebt am Bauch vorbei, der andere dreht sich in leicht gebeugtem Zustand in der Armkugel und wird nach vorn geholt; die Hand knickt dabei nach hinten ab. – Noch bevor die Drehung um 180 Grad beendet ist, dreht der (hier: rechte) Fuß stark nach links, während das Becken nach vorn kippt und alle anderen Körperteile nach sich zieht (= zweite halbe → *liane).* Mit dem Ende der Drehung zieht das Spielbein (hier: links) in einer → *passage* nach hinten gleichzeitig neigt sich der Körper im → *annelé* nach vorn (= zweite vollständige → *liane*). Damit ist die Ausgangsposition (Richtung rückwärts) wieder erreicht; für die nach vorn begonnene *glissade* wiederholt sich der Vorgang nach hinten.

ABWANDLUNG 4:

Glissade → rectiligne oder **→fléchie** mit **→ ondulation**

(siehe Zeichnung → *Ondulation*)

Die *glissade* → *rectiligne* oder *fléchie* mit → *ondulation* kann nur seitlich vorgenommen werden.

a) AUSGANGSPOSITION: 1. → *Position,* → *dégagé* z. B. des rechten Beines (d. h. in die gewünschte Richtung),

Kopf, Hals und Büste sind im → *annelé* nach links geneigt. Das Standbein, hier das linke Bein, drückt ab. Während das Spielbein zur Seite gleitet, tauchen Kopf, Hals, Büste und Bauch nach rechts.
Sofort neigt sich der Kopf in die Gegenrichtung und zieht alle anderen Körperteile nach sich, zur selben Zeit gelangt das Gewicht auf das rechte Bein, und das linke Bein schleift ein. Während des Einschleifens neigen sich der Kopf und alle anderen Körperteile wieder in die Gegenrichtung, so daß die Ausgangsposition wiederhergestellt ist und der Vorgang sich wiederholen kann.

b) Dieselbe ÜBUNG ist in der *glissade fléchie* möglich.

Grande Chaleur — Hitze

Die *grande chaleur* ist eine entspannte Grundhaltung, d. h. man hat einen minimalen Muskeltonus in allen Gelenken und Körperteilen, der einen gerade noch aufrecht stehen läßt. Ein Nachlassen der Spannung würde einen Sturz zu Boden zur Folge haben, insofern ist die *grande chaleur* mit anschließender völligen Muskelentspannung die Voraussetzung für alle FALLÜBUNGEN (→ *chute).*

ANWENDUNG: Die *grande chaleur* ist die Grundhaltung für alle körperlichen und seelischen Zustände, in denen sich der Körper entweder in einem Ruhezustand befindet oder durch Emotion,

Anstrengung, Rauschmittel oder allgemeines Unwohlsein bedingt in einen schlappen Zustand versetzt wird: d. h. Müdigkeit, Krankheit, Erschöpfung, Rauschzustand, Trauer, Depression, Langeweile o. ä. Natürlich gibt das entsprechende Tempo bzw. die Dynamik und Mimik den jeweiligen Zustand an.

AUSGANGSPOSITION: 1. oder 2. → *Position.*
Nach und nach werden alle Muskeln in der Wirbelsäule locker gelassen, angefangen von der Halswirbelsäule bis zur Lendenwirbelsäule. Die Folge ist, daß der Kopf leicht nach hinten kippt, der Hals leicht nach vorn geneigt ist, der Brustkorb zusammenfällt und der Bauch sich wölbt. Die Arme hängen schlaff am Körper herab. Die Knie sind leicht gebeugt, aber nur so weit, daß keine Spannung in den Oberschenkeln entsteht.

BEACHTEN: Der Kopf darf nicht so weit nach hinten hängen, daß eine Überstreckung im Hals entsteht. Die Achse, um die er rückwärts kippt, verläuft von Ohr zu Ohr.

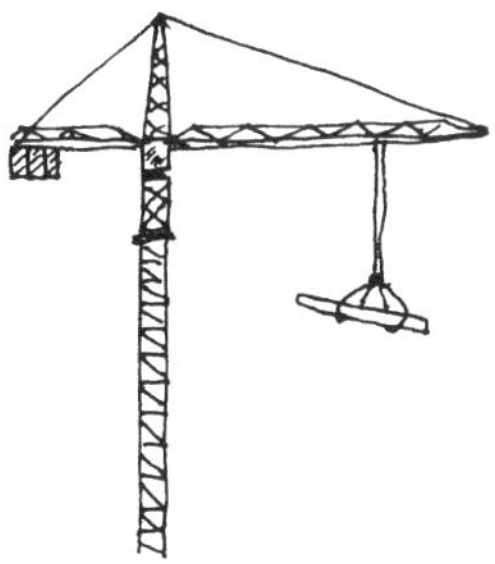

Grue — Kran

Das Prinzip der *grue* ist das des Bewegungsablaufes eines Krans, bei dem die entgegengesetzten Enden des starren Auslegers um eine Achse oder einen Fixpunkt schwenken und zur selben Zeit an den neuen Ort gelangen.

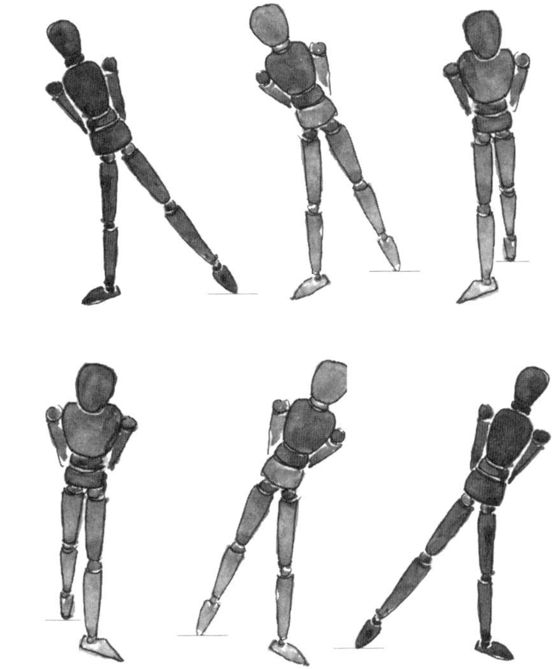

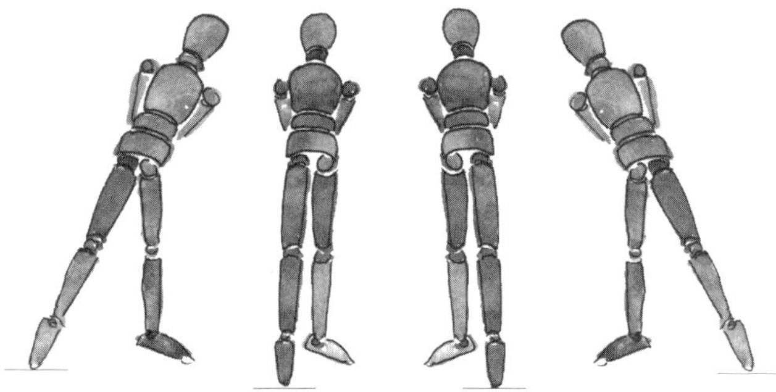

Grue → Tour Eiffel

Die → *Tour Eiffel* wird z. B. nach rechts geneigt, so daß das rechte Bein das Standbein ist. Der Drehpunkt befindet sich in der Mitte des Körpers. Die → *Tour Eiffel* wird nun nach vorn geneigt, wobei der linke Fuß einen Viertelkreis nach hinten beschreibt.
Darauf erfolgt ein Wechsel des Standbeines von rechts auf links unter Beibehaltung der → *Tour Eiffel* nach vorn: Das rechte Bein wird nach hinten gestellt. Schließlich Neigung der → *Tour Eiffel* nach links und nach hinten, worauf wieder ein Wechsel des Standbeines erfolgt. Kopf und Fuß beschreiben auf diese Weise entgegengesetzte Kreise.

BEACHTEN: Die grue → Tour Eiffel muß unter absoluter Anspannung stattfinden. Es darf weder der Kopf noch der Fuß getrennt vom Körper zu verschiedenen Zeiten ankommen. Der Kopf bleibt immer in der Verlängerung des Körpers. Die Augen dürfen nicht führen oder an einem Punkt haften bleiben, sondern sind fest im Gesicht (→ les yeux). Bei der → Tour Eiffel nach hinten darf kein Hohlkreuz entstehen.

ABWANDLUNG 1:

Dieselbe ÜBUNG kann mit einem **Gang** verbunden werden.

Der Gang entsteht dadurch, daß statt des Beinwechsels bei der → *Tour Eiffel* nach vorn ein Schritt, und bei der → *Tour Eiffel* nach hinten 1 1/2 Schritte gemacht werden, d. h. das

Gewicht wird auf das nach vorn gesetzte Spielbein gelegt, und das andere Bein zieht vorbei und tippt vorn auf.

BEACHTEN: Die Gewichtsverlagerung muß in der geneigten → Tour Eiffel erfolgen, d. h. der Rumpf darf sich nicht senkrecht stellen.

ABWANDLUNG 2:

Grue → bascule

Dieselbe ÜBUNG kann in der → *bascule* geübt werden.

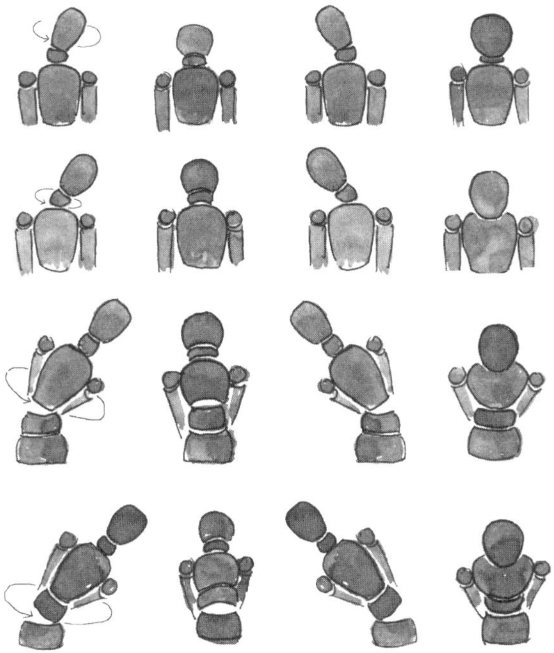

Grue inclinée im → composé dessiné

Im → *base fixée* wird der Kopf in alle vier Richtungen geneigt, die Bewegungen werden miteinander verbunden, so daß eine Kreisbewegung entsteht. Danach findet die Kreisbewegung im → *marteau* statt, danach in der Büste und im Bauch. Während sich marteau oder Büste oder Bauch in der *grue* bewegen, müssen die jeweiligen unteren Körperteile stark angespannt und senkrecht bleiben. Die Neigung des Beckens erfolgt mit Hilfe der Beine.
Bei der Seitenneigung schiebt das Spielbein die Hüfte hoch, so daß sich das Becken neigen muß. Die Neigung nach vorn erfolgt in den Leisten, sie darf nur gering sein, um einen gleichmäßigen Kreis zu gewährleisten, da die Neigung nach hinten nur klein sein kann, bedingt durch die anatomischen Gegebenheiten.

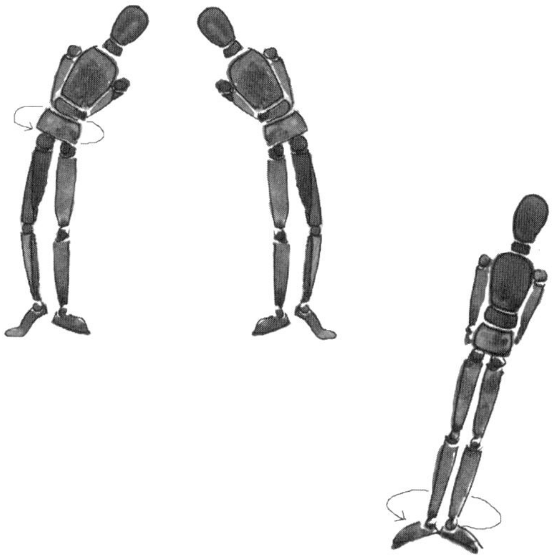

BEACHTEN: Bei der Neigung nach hinten nicht ins Hohlkreuz fallen, um viel geben zu wollen.

Grue des **gesamten Körpers** in der **1. → Position:**

Der Körper ist angespannt. Das Gewicht wird auf den vorderen Teil der Füße verlagert, danach seitlich auf ein Bein, also auf die Außenkante des Fußes (wobei sich die Innenkante nicht vom Boden lösen darf), danach nach hinten auf die Fersen (wobei die Zehen sich nicht vom Boden lösen dürfen), zur anderen Seite und wieder nach vorn.

BEACHTEN: Der Körper muß sich in einem äußerst angespannten Zustand befinden, so daß der Eindruck einer auf dem Wasser tanzenden Boje entsteht. Während der gesamten Übung bleiben beide Fußsohlen vollständig auf dem Boden.

Grue inclinée im **→ annelé**

AUSGANGSPOSITION: → *Inclinaison annelée* des Rumpfes nach vorn, dann erfolgt eine → *translation* auf ein Bein, das Spielbein ist in leicht gebeugtem Zustand nach hinten gestellt, der Fuß tippt nur auf. Nun setzt man auf den nach vorn geneigten Körper eine Seitenneigung des Kopfes in die Gegenrichtung des Spielbeines, gleichzeitig zieht das Spielbein ein wenig in die entgegengesetzte Richtung.
Darauf folgt der Hals mit einer Seitenneigung in dieselbe Richtung, das Bein zieht gleichzeitig etwas weiter in die Gegenrichtung.
Darauf neigt sich die Büste, dann der Bauch – das Bein zieht dabei

immer weiter in die Gegenrichtung. Schließlich hebt das Spielbein die Hüfte an, so daß sich das Becken in die vorgegebene Richtung neigen muß. Jetzt befinden sich Rumpf und Bein am neuen Ort, d. h. es ist nun eine Seitenneigung im → *annelé* entstanden.
Das gleiche geschieht nun nach hinten, d. h. der Rumpf, vom Kopf angefangen, neigt sich in seinen einzelnen Teilen nacheinander nach hinten, während das Bein nach vorn zieht. Um den Kreis zu vollenden, muß ein Beinwechsel erfolgen.

Dieselbe ÜBUNG kann mit einem **Gang** verbunden werden.

Statt des Beinwechsels erfolgt ein Schritt, wenn der Körper nach vorn geneigt ist. Wenn der Körper nach hinten geneigt ist, müssen 1 1/2 Schritte gemacht werden.

Grue → translation

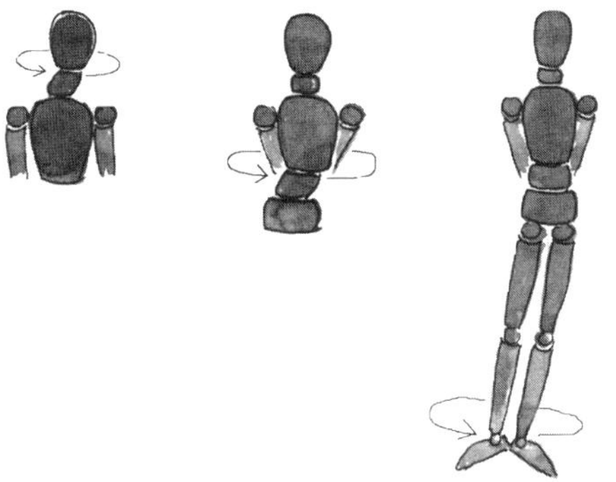

Eine Kreisbewegung in der → *translation* wird auch als *grue* bezeichnet. Sie kann nur durch den Kopf, die Büste oder das Becken erfolgen.

AUSGANGSPOSITION: 1. → *Position.*
Der Kopf schiebt sich zur Seite, dann nach vorn, zur anderen Seite und nach hinten. Dasselbe kann dann mit der Büste geschehen, wobei darauf zu achten ist, daß sich der Kopf während der → *translation* der Büste nicht in die Gegenrichtung bewegt (→ *compensation),* sondern senkrecht auf dem Hals bleibt.
Dieselbe ÜBUNG mit dem Becken.

BEACHTEN: Die Beine sind geneigt, der Rumpf muß immer senkrecht bleiben. Es darf kein geneigter → Tour Eiffel entstehen. Es muß immer ein stumpfer Winkel zwischen dem Becken und dem Ansatz der Beine vorhanden sein.

Harmonisation Abstimmung, Harmonisierung

Eine Harmonisierung ist im Grunde eine positive Kompensierung, d. h. durch eine Harmonisierung ist das tatsächliche und das optische Gleichgewicht gewährleistet.
Die Harmonisierung in den Armen geschieht immer in der → *belle courbe*, und zwar erst dann, wenn die Büste oder der ganze Körper die Grundstellung durch eine Neigung oder Drehung verändert haben, d. h. die Arme bewegen sich erst dann in die Gegenrichtung, wenn die Büste oder der Körper fast in der neuen Stellung angekommen sind. Auch wenn der eine Arm eine Funktion hat, muß sich der andere Arm harmonisieren und darf nicht schlapp und unbeachtet am Körper herabhängen. Das zu harmonisierende Bein ist leicht auswärts gedreht und im leicht gebeugten Zustand nach hinten oder zur Seite gesetzt.

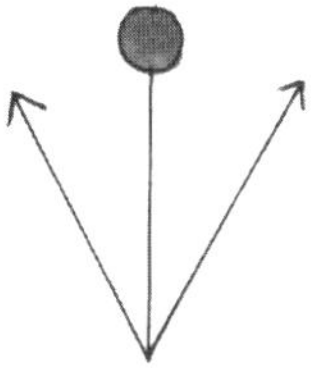

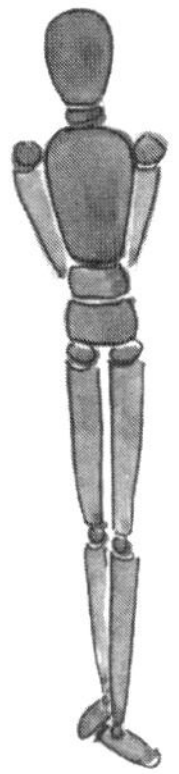

Homme de salon „Salonmensch", Intellektueller

Der *homme de salon* ist der sich durch eine geistige Betätigung hervortuende Mensch, der keine körperliche Arbeit verrichtet, sondern am „Reißbrett konstruiert".

In der 1., 3. oder 5. → *Position* stehend, d. h. auf dem kleinstmöglichen Punkt, öffnet er sich nach oben, zum Zentrum seiner Aktivität, dem Kopf.

Seine Bewegungsart ist die der Geradlinigkeit, die u. U. durch ein → *triple dessin* abgewandelt werden kann.

Die dynamisch-rhythmische Form ist häufig das → *fondu.*

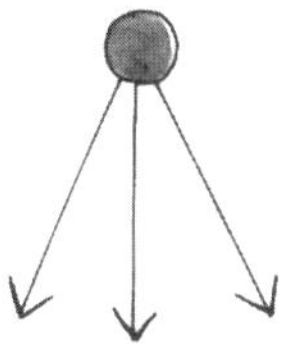

Homme sportif Sportler, tatkräftiger Mensch

„Sportlich" ist nicht nur wörtlich zu nehmen, sondern im übertragenen Sinne auch als tatkräftig, körperlich aktiv, handwerklich und energisch zu verstehen.

Da der *homme sportif* körperliche Aktivitäten bewältigen muß, steht er, um den Aktionsradius voll auszunutzen, in einer 2. oder einer 2./4. → *Position.*

Seine Bewegungsart ist eher rund, d. h. die → *ligne de force* ist bei ihm vorherrschend.

Die dynamisch-rhythmische Form wechselt zwischen → *effondrement,* → *toc* und → *fondu.*

Inclinaison

Neigung

Der Körper kann in seinen einzelnen Körperteilen nacheinander, also im → *annelé,* oder auch in der „Zusammenschweißung" mehrerer Körperteile, also im → *composé dessiné*, geneigt werden.

Es gibt drei Arten der Neigung:

a) *inclinaison à* → *base fixé*	Fixpunkt unterhalb der geneigten Körperteile
b) *inclinaison à* → *milieu fixé*	Fixpunkt in der Mitte der geneigten Körperteile
c) *inclinaison à* → *sommet fixé*	Fixpunkt oberhalb der geneigten Körperteile

Die Form der Neigung, die im täglichen Leben am häufigsten vorkommt, ist die des → *base fixée*, sie ist anatomisch gerecht und damit die natürliche Neigung.

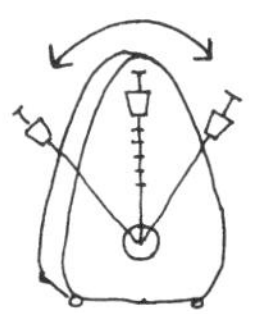

Inclinaison à → base fixée im composé dessiné seitlich

Der Kopf (→ *tête*) neigt sich seitlich unterhalb des Ohres oder nach vorn oder nach hinten in der Halswirbelsäule. Die Neigung ist nur sehr gering.

BEACHTEN: Es darf keine Spannung bei der Seitenneigung im Hals entstehen. Auch darf der Kopf nicht zu weit nach hinten geneigt werden, so daß eine Überstreckung im Hals fühlbar ist. Bei der Neigung nach vorn darf keine Faltenbildung im Hals entstehen.

Mit Hilfe der Muskeln am Halsansatz können der Kopf und der Hals (→ *cou*) zusammen (→ *marteau*) in verschiedene Richtungen geneigt werden.

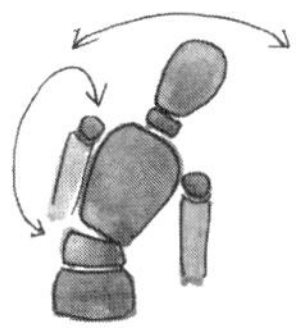

Bevor eine Neigung der Büste (→ *poitrine*) vorgenommen werden kann, sollte die Büste von der Taille oder dem Bauch „getrennt" werden, d. h. der Brustkasten wird mit Hilfe der Muskulatur herausgezogen, so daß eine passive Spannung in der Bauchdecke entsteht. Dazu kommt noch eine aktive Bauchspannung, so daß sich der Brustkasten in alle Richtungen bewegen kann, ohne daß der Bauch in Mitleidenschaft gezogen wird.
Die unteren Rippenbögen ragen heraus. Als Hilfe und zur Kontrolle kann man die Hände an diese legen, so daß die Bewegung von den Händen gespürt wird. Die Hände kontrollieren gleichzeitig, ob der Bauch ruhig bleibt. Nun kann die Büste in alle Richtungen geneigt werden.

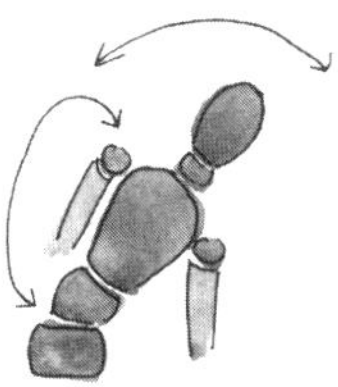

Für die Neigung des Bauches (→ *ceinture*) wird der Bauch wieder passiv und aktiv angespannt. Nun kann der Bauch mit den oberen Körperteilen zu den Seiten, nach vorn oder hinten geneigt werden.

Die Neigung des Beckens zur Seite kann nicht autonom vom Becken ausgehen. Sie kann nur mit Hilfe eines Beines, das durch Beugung des Knies verkürzt (→ *axe contraire*) oder durch ein Anheben des Fußes auf die halbe Spitze verlängert wird (→ *axe conforme*), geschehen. Der stark angespannte Oberkörper wird so zusammen mit Kopf und Hals zur Seite geneigt.

Inclinaison à → base fixée im
→ **composé dessiné** nach **vorn** oder **hinten**

Die Neigung kann selbstverständlich in derselben Reihenfolge, also Kopf - Hals; Kopf - Hals - Büste; Kopf - Hals - Büste - Bauch, auch nach vorn oder hinten ausgeführt werden.

Passive und aktive Spannung des gesamten Körpers. Die Neigung des Beckens (→ *bassin*) bzw. des Rumpfes nach vorn ist kein Problem. In der Leiste, dem „Scharnier", kann der Rumpf völlig nach vorn abkippen. Allerdings wird eine Neigung nach vorn nur so weit vorgenommen, daß das Gewicht auf dem vorderen Teil des Fußes noch gehalten werden kann.

Als VORÜBUNG stellt man sich an eine Wand, ca. 1 cm entfernt, so daß das Gesäß die Wand nicht berührt. Nun neigt man den Rumpf in oben beschriebener Weise nach vorn.
Wenn das Gesäß die Wand berührt, ist die Neigung zu groß gewesen und eine Kompensierung (→ *compensation*) nach hinten vorhanden.

Die Neigung nach hinten kann nur geringfügig sein. Sie geschieht durch Anspannung der unteren Gesäßmuskulatur. Wenn man die Hände an die Leisten legt, kann man die Kippbewegung des Beckens spüren. Der Oberkörper bleibt wieder fest auf dem Becken und wird automatisch mitgeneigt.

BEACHTEN: Die Neigung kann, da alles stark angespannt ist, nur gering sein. Man darf nicht in den Fehler verfallen, ein Hohlkreuz zu bilden, nur um viel geben zu wollen.

Inclinaison → annelée seitlich

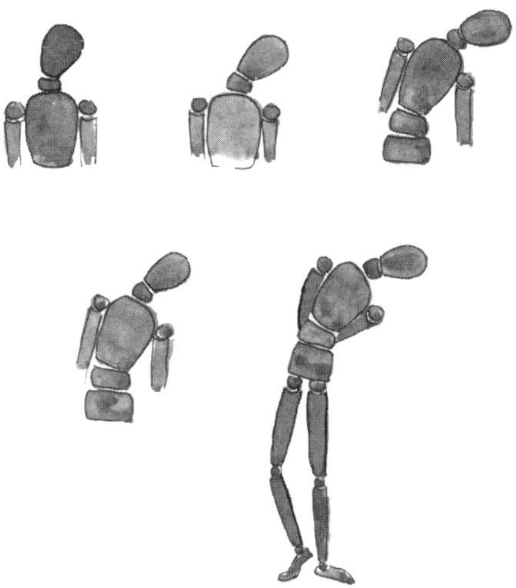

Die Neigung kann durch den ganzen Körper mit jedem einzelnen Körperteil getrennt vom anderen (→ *annelée*) vorgenommen werden.

AUSGANGSPOSITION: 1. oder eine kleine 2. → *Position,* der Kopf neigt ein wenig unterhalb des Ohres, danach der Hals, danach die Büste, gefolgt von Bauch und Becken. Bei letzterem schiebt ein Bein die Hüfte hoch, um eine seitliche Neigung des Beckens zu erreichen. Da die Muskulatur der einzelnen Körperteile nicht angespannt sein muß, um den oberen Körperteil festzuhalten, kann die Neigung zur Seite sehr viel größer sein als beim → *composé dessiné.*

Die Neigung kann von oben nach unten (→ *progressif*) oder von unten nach oben (→ *dégressif*) durchgeführt werden.

Der Körper, der nun seitlich hängt, kann – auf dem Standbein stehend – in eine leicht schwingende Drehbewegung gebracht werden. Zusätzlich kann das Knie des Standbeines noch leicht gebeugt werden. Die Auflösung dieser ÜBUNG geschieht – Körperteil für Körperteil – von unten her.

BEACHTEN: Beim Zurückkommen in die Senkrechte muß darauf geachtet werden, daß der zurückgeholte Körperteil nicht zu weit in die Gegenrichtung geht, sondern die Achse wieder trifft.

ANWENDUNG: Die *inclinaison* → *annelée* seitlich hat immer lyrischen Charakter.

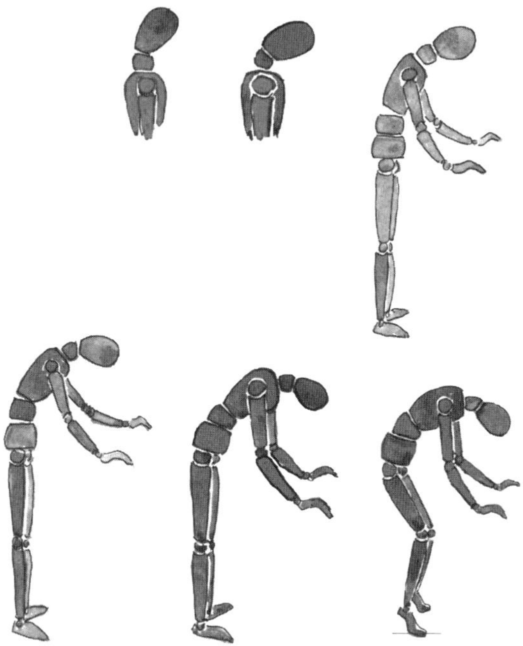

Inclinaison → annelée nach vorn

AUSGANGSPOSITION: 1. → *Position.* Der Kopf neigt sich sehr wenig nach vorn, danach der Hals. Um eine Rundung im Rücken zu erhalten, muß die Büste zunächst stark herausgezogen werden.
Darauf wird die Brustwirbelsäule rund geneigt.
Die Arme harmonisieren sich (→ *harmonisation*) in der → *belle courbe* in der Diagonalen nach vorn, die Handteller sind zum Erdboden gerichtet. Die Neigung des Bauches darf nur sehr gering sein, ebenso die des Beckens.
Darauf folgt eine Gewichtsverlagerung auf den vorderen Teil des Fußes. Während die Knie sich zur → *demi-flexion* beugen, heben sich die Fersen leicht vom Erdboden ab. Der ganze Körper muß nun eine → *belle courbe* in sich bilden. Von unten wird die ÜBUNG Körperteil für Körperteil aufgelöst, bis der Körper wieder in der Senkrechten steht.

ANWENDUNG: Die → *inclinaison annelée* nach vorn hat dramatischen wie lyrischen Charakter.

Inclinaison → annelée nach hinten

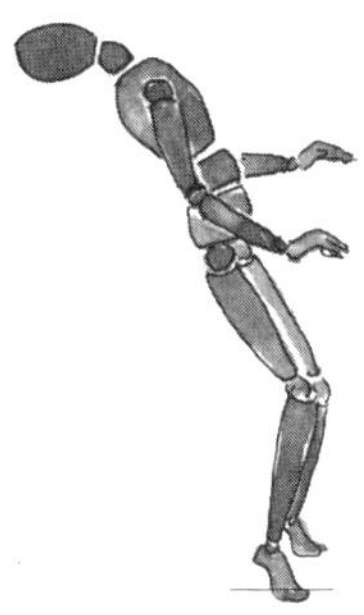

AUSGANGSPOSITION: 1. → *Position.* Der Kopf, danach der Hals neigen sich sehr wenig nach hinten. Die Büste muß stark herausgezogen werden und sich dann nach hinten neigen. Die Arme harmonisieren sich (→ *harmonisation*) in der → *belle courbe* diagonal nach vorn, die Ellbogen und Handteller zeigen zum Boden.
Darauf neigen sich der Bauch und das Becken so weit wie möglich nach hinten. Hierauf wird das Gewicht wieder auf den vorderen Teil des Fußes verlagert, → *demi-flexion* in den Knien, die Fersen heben sich dabei leicht vom Erdboden ab.

BEACHTEN: Je stärker die Neigung nach hinten erfolgt, desto größer ist das Standvermögen. Die Arme dürfen nicht zu weit nach vorn gestreckt werden.

Die Auflösung der ÜBUNG erfolgt – Körperteil für Körperteil – von unten. Die Neigung einzelner Körperteile (→ *annelé*) oder „zusammengeschweißter" Körperteile (→ *composé dessiné*) kann innerhalb des Körpers gleichzeitig oder nacheinander in verschiedene Richtungen vorgenommen werden.

Inclinaison im → **composé dessiné** im → **contredit** und → **conforme**

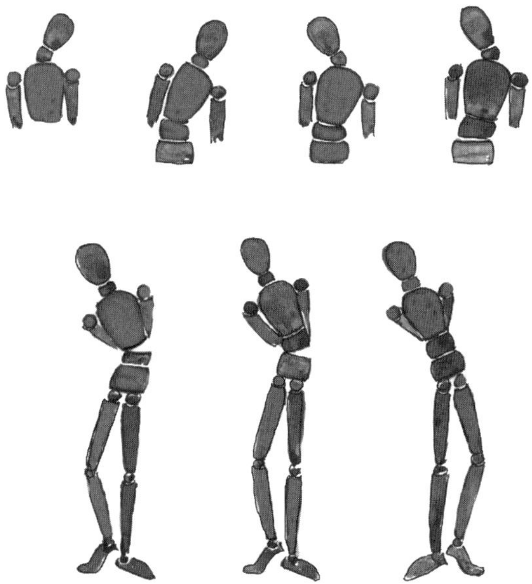

Der Kopf und der Hals neigen sich im → *marteau* seitlich, z. B. nach rechts. Danach neigt sich die Büste ebenfalls nach rechts, bis sie die schräge Achse des → *marteau* trifft.
Darauf folgt die Neigung des → *marteau* in die Gegenrichtung, also hier nach links. Der Bauch neigt sich nun ebenfalls nach rechts, aber nur so weit, bis er die schräge Achse der Büste erreicht hat.
Darauf neigt sich die Büste in die Gegenrichtung, d. h. nach links, bis sie die schräge Achse des → *marteau* erreicht hat. Alsdann neigt sich das Becken nach rechts, bis es die Achse des Bauches erreicht hat. Dann neigt sich der Bauch nach links, bis er die Achse der Büste und des → *marteau* erreicht hat. Schließlich wird auch das Becken nach links geneigt, und der Körper befindet sich nun in einer *inclinaison* → *conforme* im → *composé dessiné*.

BEACHTEN: Die Neigung in die Gegenrichtung muß jeweils doppelt so groß ausfallen (sonst stünden die geneigten Teile senkrecht), jedoch ohne daß sich der darunterliegende Körperteil mitneigt.

ÜBUNG: Um die Festigkeit und das Durchhaltevermögen des Muskeltonus zu üben, können die „zusammengeschweißten" Körperteile oberhalb des „Knicks" hin- und hergeneigt werden, ohne daß die Achse geknickt wird, d. h. der obere aus mehreren Körperteilen „zusammengeschweißte" Teil sich in seine Einzelteile auflöst und dadurch sogar eine größere Neigung erfolgen könnte; und es kann der Körperteil unterhalb eines „Knicks“ hin- und hergeneigt werden, ohne daß sich dessen Winkel verändert.

Inclinaison → **annelée** im → **contredit** und → **conforme**

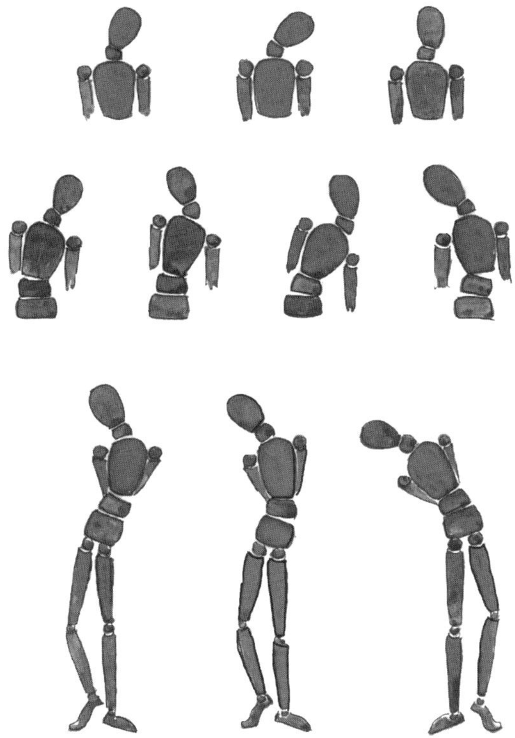

Diese Übung ist eine VORÜBUNG für die → *ondulation* des gesamten Körpers.

AUSGANGSPOSITION: Der Kopf neigt sich z. B. nach rechts, danach der Hals. Sodann neigt sich der Kopf nach links und bleibt dort; die Büste wird herausgezogen und nach rechts geneigt. Der Hals mit dem schon nach links geneigten Kopf neigt sich ebenfalls nach links, alsdann Neigung des Bauches nach rechts.
Die Büste neigt nach links; für die Neigung des Beckens nach rechts schiebt das linke Bein die linke Hüfte hoch, so daß das Becken nach rechts kippen muß. Der Bauch mit den oberen Körperteilen neigt nun nach links, alsdann folgt eine Gewichtsverlagerung vom rechten Bein auf das linke, das nun im durchgedrückten Zustand zum Standbein wird, wobei das Spielbein die rechte Hüfte nach oben schiebt. So ist schließlich wieder eine Neigung im → *conforme* gegeben, aber unter stärkerer Anspannung, als bei der gewöhnlichen Neigung im → *base fixée*.
Das rechte Bein wird leicht nach außen gedreht und im Knie ein wenig gebeugt. Um die Neigung wieder aufzulösen, wird das Spielbein wieder neben das andere Bein auf den Boden gesetzt, und der Körper kann von unten her in seine Ausgangsposition zurückschwingen.

Inclinaison à → milieu fixé Neigung um den in der Mitte befindlichen Fixpunkt

Die Neigung im → *milieu fixé* ist ein wichtiger Teil im Kapitel der Neigungen, weil sie speziell im Becken für das → *contrepoids* ausschlaggebend ist, wenn der Körper in der Hebelwirkung zu dem zu bewegenden Gegenstand eingesetzt werden soll. Sie ist nur mit dem Kopf, der Büste und dem Becken durchführbar.
Der zu neigende Körperteil neigt am oberen und unteren Ende gleich stark, d. h. der Drehpunkt liegt in der Mitte des Körperteiles.

Die Neigung im → *milieu fixé* des Kopfes und der Büste ist nur seitlich möglich, während sie im Becken auch nach vorn und nach hinten durchgeführt werden kann.

In der Mechanik findet man das → *milieu fixé* in der Waagerechten bei der Wippe bzw. in der Senkrechten beim Propeller, dessen Blätter anfangs senkrecht stehen.

Inclinaison à → milieu fixé des **Kopfes**

Die Halsmuskulatur schiebt das Kinn stark zu der einen Seite. Gleichzeitig wird um den Drehpunkt in der Nasengegend der Kopf geneigt, und die Schädeldecke neigt sich dann automatisch zu der anderen Seite.

BEACHTEN: Da durch den starken Zug des Kinns zu der einen Seite leicht eine Drehung im Kopf entsteht, ist es zu empfehlen, das Kinn zu Beginn der Übung sehr zum Kehlkopf zu ziehen und da zu lassen.

Inclinaison à → milieu fixé der **Büste**

Derselbe Vorgang ist bei der Büste anzuwenden:

Anspannung der Bauchmuskulatur. Die Brustmuskulatur schiebt die unteren Rippenbögen stark zur Gegenseite der gewünschten Neigung. Kopf und Hals bleiben „zusammengeschweißt" (→ *marteau*) auf der Büste und werden dadurch in die gewünschte Richtung geneigt.

Inclinaison à → milieu fixé des **Beckens**

Die Neigung im → *milieu fixé* des Beckens bzw. des Rumpfes kann seitlich, vorwärts oder rückwärts durchgeführt werden. Dies kann aber nur bei gebeugten Beinen geschehen. Die Achse liegt in der Mitte des Körpers und darf nicht verschoben werden.

Zur Seite: AUSGANGSPOSITION 2. → *Position*, → *demi-flexion*, Anspannung im Körper. Das (z. B. rechte) Bein geht auf die halbe Spitze, schiebt die Hüfte hoch, so daß der Rumpf sich zur anderen Seite (nach links) neigt. Dabei darf das Gewicht jedoch nicht auf das andere (linke) Bein verlagert werden. Um dieses zu verhindern, muß das angehobene (rechte) Knie in die Gegenrichtung zielen.

Für die Neigung im *milieu fixé* nach vorn oder nach hinten stellt man sich in die 2. → *Position* in der → *demi-flexion*. Bei der Neigung nach vorn bewegt sich das Gesäß stark nach hinten, und der Rumpf neigt sich nach vorn. Bei der Neigung nach hinten schieben sich die Knie nach vorn, und der Rumpf neigt sich nach hinten.

Für die Neigung im *milieu fixé* in die Diagonale stellt man sich in die 2./4. → *Position*, → *demi-flexion*. Das hintere leicht gebeugte Bein schiebt nun die Hüfte nach oben, wobei der Fuß auf die halbe Spitze geht, und der Rumpf kippt in Richtung des vorderen Beines.
Die Achse bleibt in der Mitte und darf nicht auf das vordere Bein verlagert werden.

Bei der Neigung nach hinten schiebt das vordere leicht gebeugte Bein die Hüfte nach oben, wobei der Fuß auf die halbe Spitze geht, und der Rumpf kippt in Richtung des hinteren Beines. Das Knie des vorderen Beines tendiert wieder stark nach vorn, um die Achse in der Mitte zu halten. Der Oberkörper bleibt fest auf dem Becken, und das Gewicht ist gleichmäßig auf beide Beine verteilt.

BEACHTEN: Weder das vordere noch das hintere Bein darf sich bei diesem Vorgang strecken. Beide Beine bleiben während der ganzen Übung gebeugt. Bei der Neigung nach hinten darf kein Hohlkreuz entstehen.

Inclinaison à → sommet fixé Neigung mit dem am oberen Ende befindlichen Drehpunkt

Die *inclinaison à → sommet fixé* ist genau wie die → *inclinaison à → milieu fixé* nur durch den Kopf, die Büste und das Becken, und dann auch nur seitlich und nach hinten, durchführbar. In der Mechanik findet man die Neigung im → *sommet fixé* in der Gestalt eines Uhrpendels, welches oben festhängt und seitlich hin- und herschwingt.

Inclinaison à → sommet fixé des **Kopfes**, der **Büste,** des **Beckens**

1. → *Position.* Man muß sich den Fixpunkt am Scheitelpunkt vorstellen und bei der Neigung des Kopfes z. B. nach rechts das Kinn nach links und nach oben ziehen, als ob das Kinn von einem Enterhaken hochgezogen würde.

Dasselbe Prinzip wie für den Kopf gilt auch für die Büste:
Die unteren Rippenbögen werden stark z. B. nach links geschoben und nach oben gezogen. Dieser Zug wiederum zieht die linke Hüfte hoch, dieses ist dann die Neigung im → *sommet fixé* des Beckens.
Die Spannung ist sehr stark, und man steht schließlich auf dem rechten Bein. Nur diese extreme Spannung kann dann bei der Auflösung der Übung ein leichtes Zurückschwingen im → *ressort* auslösen.

Inclinaison à → sommet fixé nach **hinten**

AUSGANGSPOSITION: 1. → *Position*. Das Kinn wird gleichzeitig nach vorn geschoben und nach oben gezogen, wiederum, als ob der Kopf von einem Enterhaken hochgezogen würde. Der Hals ist vorn sehr überstreckt.

Auch beim → *sommet fixé* der Büste nach hinten werden die unteren Rippenbögen nach vorn geschoben und gleichzeitig nach oben gezogen. Dieser Zug wiederum holt den Beckenkamm nach oben.
Für einen Moment gehen die Füße auf die halbe Spitze. Schließlich fällt man unter Beibehaltung der starken Neigung nach hinten in die → *bascule fléchie* nach vorn. Der vordere Fuß steht mit der ganzen Sohle auf dem Erdboden. Das hintere Bein ist durchgedrückt.
Die Arme werden leicht nach hinten harmonisiert (→ *harmonisation*), die Ellbogen und die Handteller zeigen nach unten.

Als Weiterführung der ÜBUNG kann eine → *bascule* durch einen Fall nach vorn auf das andere Bein gemacht werden, wobei der Rücken aus der sehr starken Konkavität in eine Konvexität gebracht wird und die Arme in der Verlängerung des Körpers in eine → *belle courbe* gehen.

BEACHTEN: Das Becken darf in der Weiterführung der Übung nicht zu stark nach vorn geneigt werden, weil sonst die → belle courbe im Körper verlorenginge. Das hintere Bein muß unbedingt durchgedrückt werden, der Fuß tippt nur auf.

Intercadre innerhalb des Rahmens

Diese ÜBUNGEN dienen dazu, die Körperachse auch in der Schrägstellung des Körpers immer wieder zu finden.

AUSGANGSPOSITION: 2. → *Position*. Der Kopf dreht sich z. B. nach rechts und wieder in die Mitte, → *bascule fléchie* in dieselbe Richtung, d. h. nach rechts. Auf die geneigte → *bascule* wird wieder eine Drehung des Kopfes nach rechts gesetzt, der Kopf wird wieder in die Mitte gedreht, die → *bascule* wird wieder aufgelöst.

ABWANDLUNG 1:

Die gesamte ÜBUNG kann mit einer Drehung des Kopfes z. B. nach rechts und einer → *bascule fléchie* in die Gegenrichtung, d. h. nach links, durchgeführt werden.

ABWANDLUNG 2:

2. → *Position*. Drehung des Kopfes nach rechts, Zurückdrehen des Kopfes, → *bascule fléchie* nach rechts, Senkrechtstellung des Kopfes auf der → *bascule*.
In der Senkrechtstellung dreht sich der Kopf nach rechts, der Kopf dreht in die Mitte zurück, er setzt sich dann wieder in die Verlängerung des Körpers, also in eine Schrägstellung, die → *bascule* löst sich wieder auf.

Isolement d’énergie Isolierung der Energie

Das *isolement d'énergie* ist in allen Körperteilen, in denen Gelenke vorhanden sind, durchführbar. Es ist immer dort erlebbar, wo sich ein schlaffes „Anhängsel“ an einem festen Gegenstand befindet (das Becken und wenigstens ein Bein muß in jedem Fall fest sein). Wenn der feste Gegenstand als Motor fungiert, werden die schlaffen Teile bewegt.

Ein Beispiel wäre eine Handpuppe, deren Arme lose herabhängen, wenn der Spieler seine Finger nicht in die Arme der Puppe hineinsteckt. Dreht der Spieler aber seine Hand, die ja den Rumpf der Puppe bildet, schlackern die Arme der Puppe herum, d. h. der Körperteil, der in einer *isolement d'énergie* bewegt wird, ist immer passiv und benötigt einen Motor für eine Bewegung.
Voraussetzung für die Übung ist eine völlige Entspannung des Körperteiles, welcher passiv bewegt werden soll.

ANWENDUNG: Ein *isolement d'énergie* setzt man immer dann ein, wenn Puppen mit schlaffen Gliedern oder auch Benommene, Betrunkene oder Menschen mit Körperbehinderungen, Lähmungserscheinungen oder Frakturen dargestellt werden sollen.

Isolement d'énergie des **Kopfes**

Ein *isolement d'énergie* des Kopfes kann dadurch erreicht werden, daß während eines Ganges bei absoluter Anspannung des Körpers die Halsmuskulatur plötzlich entspannt wird, so daß der Kopf leicht nach hinten fällt und durch den Gangrhythmus wieder in seine Ausgangsstellung zurückwippt.

Isolement d'énergie der **Arme**

AUSGANGSPOSITION: 2. → *Position,* Anspannung des ganzen Körpers und der Beine. Die Arme sind völlig leblos und hängen schlaff am Körper herunter. Der ganze Körper dreht nun von den Füßen in einer Vierteldrehung im → *toc* zur Seite (man kommt automatisch von der 2. in die 4. → *Position,* wenn sich der Drehpunkt in der Mitte jedes Fußes befindet).
Die Arme fliegen hinterher, wobei sie in den Ellbogen einknicken und die Unterarme sich leicht in sich drehen. Bei einer sehr starken und ruckhaften Drehung z. B. nach rechts kann der linke Arm mit der Hand bis zum oberen linken Teil der Büste gelangen. Durch das Anschlagen der Hände an die Oberschenkel wird die Bewegung der Arme sofort gestoppt.

BEACHTEN: Auf keinen Fall dürfen sich die Hände an der Büste oder den Oberschenkeln anklammern, wenn sie durch die Drehung in die neue Richtung bewegt wurden. Sie fallen sofort wieder schlaff herunter.

Durch eine erneute Drehung in die Gegenrichtung wird die 2. → *Position* wieder erreicht, die Arme fliegen in derselben Weise wieder zurück.

ANWENDUNG: Von einem Unterarm, mit dem man sich soeben auf einem imaginären Gegenstand abgestützt hat, baumelt eine Hand locker herab; ein Marionettenarm wird fallengelassen.

Isolement d'énergie der **Arme** in **Auf-** und **Abwärtsbewegung**

Wenn sich der Körper senkrecht auf- und abwärts bewegt, also beim Hüpfen, werden die Arme, sofern sie ganz entspannt sind, auch in der *isolement d' énergi*e bewegt. Die Arme fliegen erst dann nach oben, wenn sich der Körper schon wieder auf dem Wege nach unten befindet. Die Hände schlagen hart an die Oberschenkel, wobei sich die Ellbogen beugen und leicht nach außen drehen, da die Muskulatur in den Gelenken entspannt ist. Die Unterarme fliegen leicht nach außen.

Isolement d'énergie der **Arme** durch eine **Neigung** oder **Drehung** der **Büste**

AUSGANGSPOSITION: 2. → *Position*, der Körper ist äußerst angespannt. Die Büste ist herausgezogen, so daß eine Trennung von Büste und Bauch gegeben ist.
Die Büste neigt oder dreht sich im → *toc* im → *composé dessiné*.
Bei der Drehung sind nur Achteldrehungen möglich, wenn die Büste

wieder in die Mitte zurückgedreht wird, oder aber sie kann von einem Extrem ins andere in Vierteldrehungen bewegt werden.
Die Arme fliegen hinterher, wobei sich die Oberarme vom Körper entfernen und in den Ellbogen einknicken; der Ellbogen des von hinten nach vorn geworfenen Armes dreht sich dabei nach außen. Die Hände schlagen an die Oberschenkel.

Isolement d'énergie der **Beine**

AUSGANGSPOSITION: 2./4. → *Position*, z. B. links vor rechts.
Der Schwung wird von hinten geholt, wobei sich das Gewicht auf das hintere Bein verlagert, welches sich zur selben Zeit beugt. Durch eine Vorwärtsbewegung im Becken – Kippen und Vorwärtsdrehung in der Gangrichtung — wird das rechte Bein, das in dem Augenblick, da es sich von dem Erdboden löst, locker sein muß, nach vorn geschleudert, und das linke Bein, das nun zum Standbein geworden ist, dreht sich stark auswärts.
Das geschleuderte Bein knickt während des Fluges im Knie und streckt sich während des Bewegungsablaufes in der Luft im Sinne der Fliehkraft und schlägt mit der ganzen Sohle auf dem Boden auf.
Das nach vorn geschleuderte Bein wird nach einer Gewichtsverlagerung nun zum Standbein. Die End- und damit auch Ausgangsposition ist wieder erreicht, d. h. 2./4. → *Position*, nun aber rechts vor links.

BEACHTEN: Die Arme dürfen nicht mit ausholen.

ABWANDLUNG:

Eine ähnliche Übung ist durchführbar, wenn die Energie in den Oberschenkel verlegt wird und durch dessen Vorwärtsbewegung der Unterschenkel nach vorn geschleudert wird. Unterschenkel und Fuß müssen völlig locker sein. Wieder streckt sich das ganze Bein, durch die Fliehkraft bedingt, und der Fuß kommt mit der ganzen Sohle auf dem Erdboden auf.

Jambe — Bein

Das Bein wird in Oberschenkel, Unterschenkel und Fuß unterteilt. Übungen für die Beine sind unter → *à la **barre*** und unter → *mousseline* zu finden.

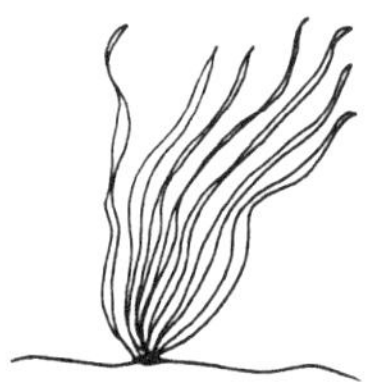

Liane — Schlingpflanze

Die *Liane* ist eine Welle durch den Körper, die von unten beginnt. Sie setzt sich aus Neigungen im → *annelé* zusammen, die, zeitlich verschoben, aufeinander folgen und eine Wellenbewegung ergeben.

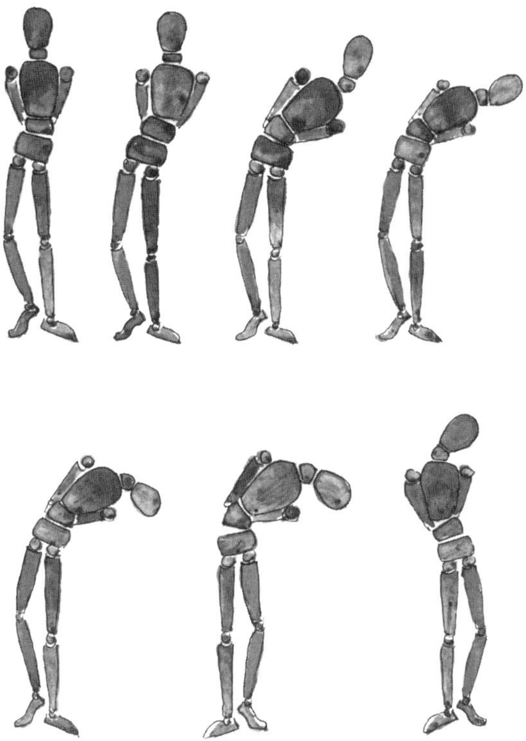

ANWENDUNG: Sie ist die künstlerische Nachempfindung in der Darstellung von Pflanzen, die durch eine äußere Kraft, Luft- oder Wasserströmung hin- und herbewegt werden. Dadurch, daß die Bewegung am oberen Teil des Körpers am stärksten ist, wird der Eindruck erweckt, daß die „Wurzel" fest im Boden verhaftet ist. Die *Liane* ist ebenso bei abstrakten und dekorativen Darstellungsformen anwendbar.

Liane seitlich

AUSGANGSPOSITION: 1. oder eine kleine 2. → *Position.* Es wird mit einer Neigung des Beckens begonnen, z. B. schiebt das linke Bein die linke Hüfte hoch, danach neigen sich der Bauch, die Büste, der Hals und der Kopf nach rechts.
Wenn der Kopf im Begriff ist, seinen extremen Neigungspunkt zu erreichen, neigt sich das Becken schon wieder nach links, gefolgt von den oberen Körperteilen. Durch die Überlappung erzielt man eine fließende Wellenbewegung.

BEACHTEN: Bei der Neigung der Büste darf letztere nicht seitlich verschoben oder im → milieu fixé geneigt werden. Die Achse muß in der Mitte bleiben, obwohl das Gewicht hier leicht auf dem rechten Bein liegt, aber im Wechsel auf das linke Bein gelangt.
Das Gewicht darf nicht in die Gegenrichtung der Neigung, also hier auf das rechte Bein, verlagert werden, so daß eine Kompensierung entstehen könnte.

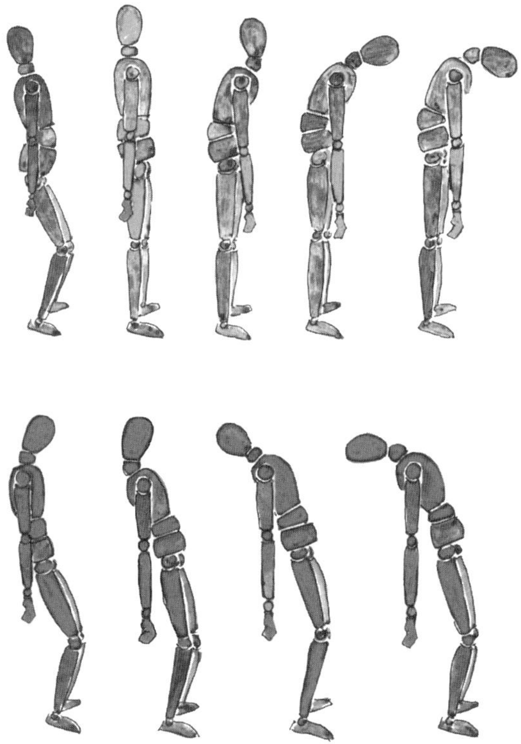

Liane nach **vorn** und nach **hinten**

Die *Liane* nach vorn und nach hinten in einer 1. oder kleinen 2. → *Position* beginnt mit der Beugung der Knie schräg nach vorn. Der Beckenkamm ist nach vorn gekippt, aber der Rumpf in seiner Gänze durch Beugung der Knie in die Schräge nach hinten geneigt. Darauf werden die Beine gestreckt, gleichzeitig kippt das Becken autonom nach hinten, und die Lendenwirbelsäule wird dadurch konvex. Die oberen Körperteile neigen sich einer nach dem anderen (→ *annelé degressif*: Bauch, Büste, Hals, Kopf) nach vorn, so daß eine → *belle courbe* nach vorn entsteht. Auch hier wird die Überlappungsmethode angewandt, d. h. sowie der Kopf im Begriff ist, seinen extremen Neigungspunkt zu erreichen, beugen sich schon wieder die Knie in die Schräge nach vorn, und der Rumpf neigt sich im → *annelé degressif* nach hinten, und der Vorgang kann sich wiederholen.

BEACHTEN: Bei der Neigung des Beckens nach hinten muß eine Verschiebung des Beckens nach vorn vermieden werden.

ABWANDLUNG:

Liane waagerecht

Dieselbe Übung, wie oben beschrieben, kann auch im waagerechten Zustand auf dem Erdboden auf dem Bauch oder im Vierfüßlerstand oder bei durchgedrückten Beinen und nach vorn abgekipptem Rumpf durchgeführt werden.

Ligne de force Kraftlinie

Main Hand

Die Hand ist in der Mime und in der Pantomime ein wichtiges Element. Sie hat

einen expressiven und harmonisierenden (in der Mime) und
einen beschreibenden (→ *évocation*) Charakter (in der Pantomime).

Um sie gelenkig und flexibel zu machen, muß sie durch verschiedene ÜBUNGEN und durch die sechs Positionen der Hand, die zusammengesetzt die → *ondulation* der Hand ergeben, diszipliniert werden:

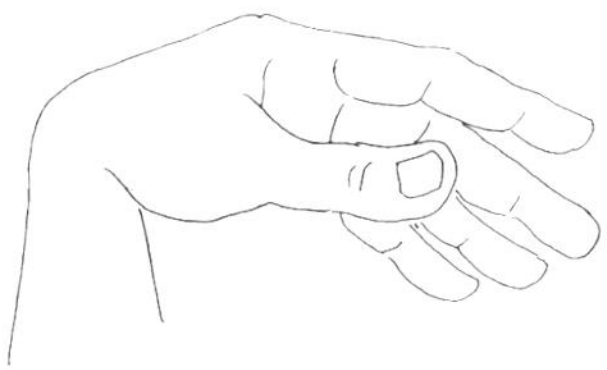

Position: **Cheveux** Haare

Die Hand kippt im Handgelenk locker nach vorn ab, die Finger hängen in Fächerform nach unten.

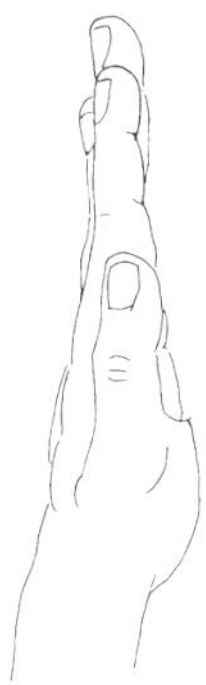

Position: **Palette** Palette

Die Hand richtet sich im Handgelenk auf, die Finger inklusive des Daumens schließen sich zusammen.

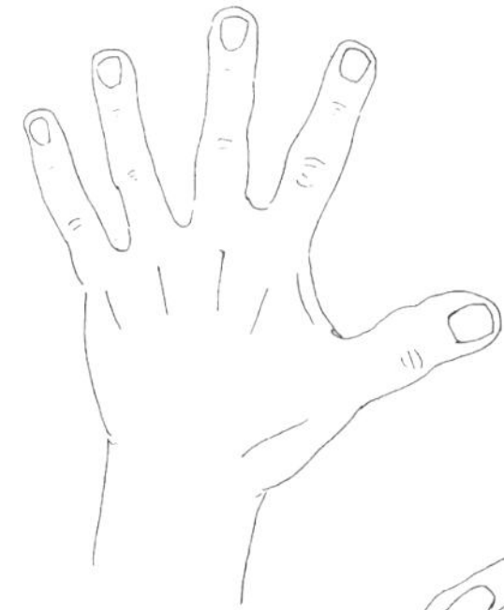

Position: **Trident** Dreizack

Die Hand bleibt aufgerichtet, die Finger spreizen sich.

Position: **Ombrelle** Sonnenschirm

Der Handteller und die Finger ziehen sich zurück, die Finger runden sich leicht. Die Fingerspitzen bleiben an derselben Stelle, wo sie vorher waren. Die Finger bleiben gespreizt.

BEACHTEN: Die Finger dürfen auf keinen Fall nach vorn gebeugt werden, da dadurch der Eindruck einer Kralle entstehen würde.

Position: **Salamandre** Salamander

Die Mittelhandknochen drücken sich nach vorn, die Finger sind leicht im letzten Gelenk eingerollt und bleiben gespreizt.

Position: **Marguerite** Margerite

Die Finger rollen sich so weit wie möglich, stark gespreizt, nach hinten bis in die Streckung auf.

Ombrelle, salamandre, marguerite, miteinander verbunden, ergeben die → *ondulation* der Hand.
Weitere Handpositionen sind folgende:

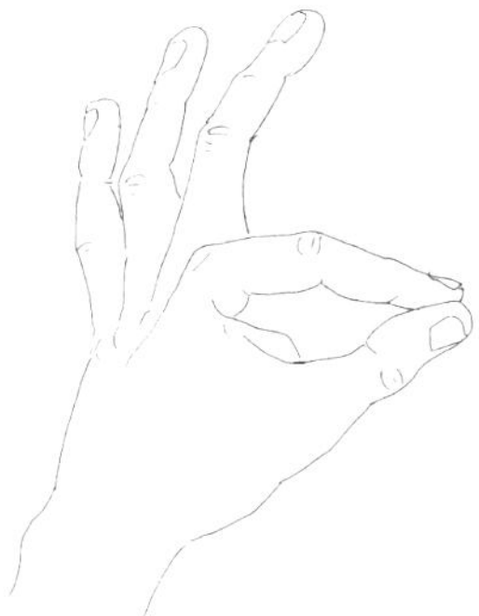

Position: **Oiseau** Vogel

Daumen und Zeigefinger berühren sich im gestreckten Zustand an ihren Enden, während sich Mittel-, Ring- und kleiner Finger fächerförmig zum Handrücken ziehen und leicht runden, so daß auch da eine → *belle courbe* gewährleistet ist.

ANWENDUNG: Alle feinen, dünnen, leichten und zerbrechlichen Gegenstände werden in dieser Handhaltung aufgenommen und bewegt.

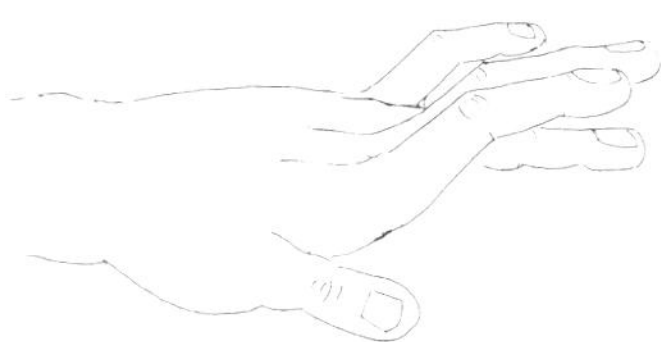

Position: **Négligence** Nachlässigkeit, Lässigkeit

Der Ringfinger – in der Verlängerung des Handrückens – ist leicht gebogen, während die anderen Finger in stärker gebogenem Zustand nach oben gezogen werden. Auf keinen Fall darf sich der Ringfinger unterhalb des Handrückens befinden.

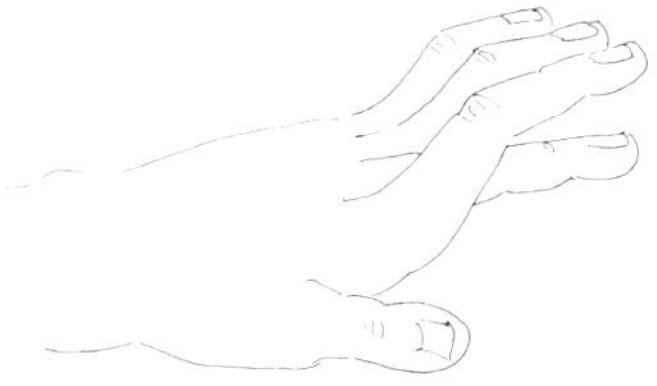

Position: **Toucher** berühren

Der Mittelfinger – in der Verlängerung des Handrückens – ist leicht gebogen, während die anderen Finger in stärker gebogenem Zustand nach oben gezogen werden. Auf keinen Fall darf sich der Mittelfinger unterhalb des Handrückens befinden.

ANWENDUNG: Alles, was in der Mime/Pantomime berührt wird, geschieht mit dieser Handhaltung.

ÜBUNGEN zur Disziplinierung der → *palette:*

AUSGANGSPOSITION: Beide Hände werden mit den Handtellern aneinander gedrückt, die Unterarme und Ellbogen berühren sich. Nun zieht sich eine Hand mit den Fingerspitzen so lange an dem anderen Handteller nach unten, bis ein rechter Winkel im Handgelenk der Übungshand entsteht.
Dabei löst sich der Übungsunterarm mit der Hand in der → *palette* von dem anderen Arm, die Ellbogen bleiben zusammen. Darauf kippt die Hand in ihre Ausgangsstellung, also in die Verlängerung des Unterarmes, und schließlich bewegen sich Unterarm und Hand wieder an den anderen Arm zurück.

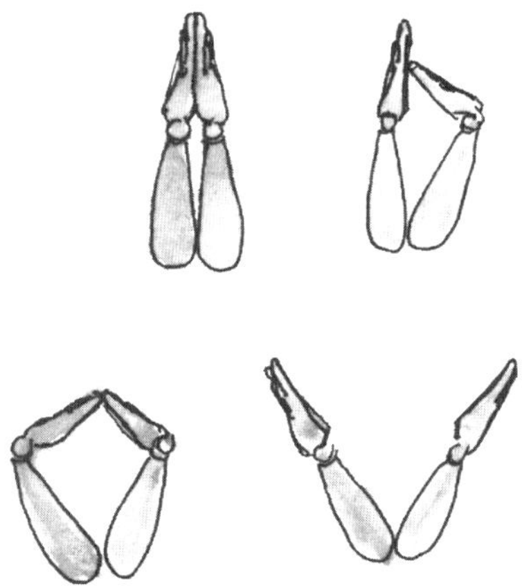

Diese ÜBUNG kann in Abwandlung mit beiden Unterarmen und Händen zur selben Zeit gemacht werden, d. h. beide Unterarme bewegen sich in entgegengesetzten Richtungen, wobei die Spitzen der Mittelfinger und die Ellbogen zusammengedrückt bleiben müssen.

Die Hände bewegen sich nach außen, die Fingerspitzen lösen sich voneinander, dann werden die Hände in die Verlängerung der Unterarme gebracht und schließlich die Ausgangsposition wieder eingenommen.

BEACHTEN: Wenn die Hand durch den Unterarm zur Seite gezogen wird, dürfen die Finger in ihren Grundgelenken nicht abgeknickt werden. Es muß eine zusätzliche Anspannung in der Muskulatur der Grundgelenke erzeugt werden, um die → palette zu erhalten.

→ Grue → ondulation und → palette

a) → **Ondulation**

AUSGANGSSTELLUNG: Beide gestreckten Arme befinden sich parallel zueinander schräg vor dem Körper.
Die Hände sind in der → *ombrelle* nach oben abgewinkelt, d. h. die Handteller sind nach vorn gerichtet. Ohne daß sich die Arme beugen, neigen sich die Hände im Handgelenk zu der einen Seite und bilden dabei eine → *salamandre*, die Handteller sind zum Erdboden gerichtet; dann nach unten, die Hände bilden dabei eine → *marguerite*, die Handteller sind zum Körper gerichtet, danach zur anderen Seite, die Hände bilden eine → *ombrelle*, die Handteller sind zum Erdboden gerichtet, und gehen schließlich unter Beibehaltung der → *ombrelle* wieder in die Ausgangsstellung.

BEACHTEN: Die Unterarme dürfen sich überhaupt nicht bewegen.

b) → Palette

AUSGANGSPOSITION: wie oben. Die Hände sind in der → *palette* nach oben abgewinkelt, d. h. die Handteller sind nach vorn gerichtet. Ohne daß sich die Arme beugen, neigen sich die Hände in der → *palette* im Handgelenk zu der einen Seite, so daß die Handteller nun zum Erdboden gerichtet sind, dann nach unten: die Handteller sind zum Körper gerichtet, zu der anderen Seite: die Handteller sind zum Erdboden gerichtet, und schließlich wieder nach oben. Die Fingerspitzen beschreiben also einen Kreis in der Luft.

Marche — Gang

Der Gang im allgemeinen, also im täglichen Leben, ist aufgefangenes Fallen, eine Tatsache, derer sich Etienne Decroux bewußt war und analog zu seiner Theorie des ständigen Kampfes der Muskeln in seinem → *marche de base* bediente.

Der Gang des Mimen durchläuft eine Stilisierung, die dann auch nicht selten in abstrakten Bewegungsdarstellungen bis hin zur virtuosen Künstlichkeit angewandt werden kann. Das Überqueren der Bühne durch den Darsteller darf nicht beiläufig bzw. „privat" geschehen.

Der Gang ist ein körperliches Ausdrucksmittel eines Zustandes des darstellenden Künstlers.

Der stilisierte Gang des Mimen unterscheidet sich von dem eines Tänzers insofern, als der Tänzer den Fuß und das Bein zuerst setzt und den Rumpf folgen läßt, während der Rumpf des Mimen die Antriebskraft in sich birgt und die Beine nur folgen.

Das Besondere in der Mime/Pantomime sind die Gänge auf der Stelle. Die Zeitraffung und das Bewältigen einer großen Entfernung sind in der Gestaltung einer Nummer oft von eminenter Wichtigkeit. Für diese Besonderheit können die Gänge auf der Stelle angewandt werden.

Es sollen hier lediglich die Gänge aufgeführt werden, die eine besondere Künstlichkeit und das Charakteristische der Mime aufweisen. Sie dienen auch immer der Konditionierung der Körperanspannung bzw. -entspannung und der Schulung des Gleichgewichtssinnes.

Marche de base

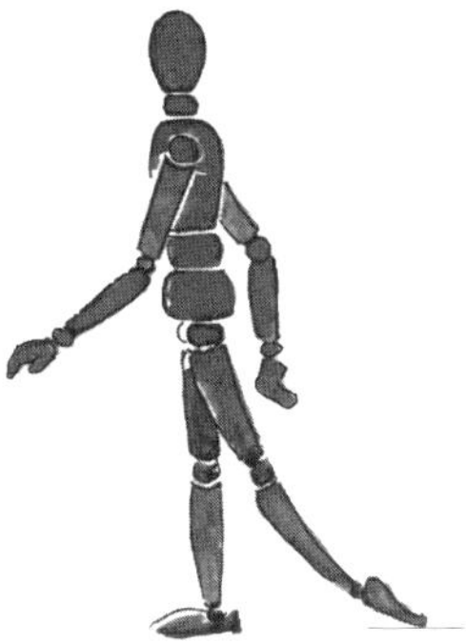

AUSGANGSPOSITION: 1. → *Position*, das Becken wird durch eine → *translation* nach vorn geschoben, der Oberkörper bleibt senkrecht auf dem Becken stehen. Das Becken schiebt so weit nach vorn, bis der Schwerpunkt verlagert ist, so daß man auf den vorderen Teil des Fußes des schnell nach vorn gesetzten durchgedrückten z. B. rechten Beines fallen muß. Der Fuß senkt sich sofort auf die ganze Sohle ab.
Das linke, nach hinten gerichtete und auswärts gedrehte Bein schwebt in der → *belle courbe* mit gestrecktem Fuß über dem Erdboden.
Sodann wird das Becken wieder nach vorn geschoben, das linke Bein zieht, im Knie leicht gebeugt und zunächst nach innen, dann nach

außen gedreht, an dem anderen vorbei, streckt sich sofort und setzt dann mit dem vorderen Teil des Fußes auf, der sich nun ganz auf den Erdboden absenkt, so daß das Gewicht voll auf dem Fuß liegt. Nun kann sich der Vorgang, wie oben beschrieben, wiederholen.

Die Arme bewegen sich in der → *belle courbe* in der entgegengesetzten Richtung der Beine, die Handteller parallel zum Körper.

ÜBUNG: Die Gesäßmuskulatur kann jedes Mal locker gelassen werden, wenn man auf das vordere Bein gefallen ist. Dann ist sie wieder anzuspannen, um das Becken nach vorn zu schieben.
Wenn dieser Vorgang beherrscht wird, schiebt man zu Beginn des Ganges das Becken nach vorn und beläßt es vorn.
Der Schub darf aber nicht während des Gehens nachlassen, der Gang besteht aus einem ständigen Treiben aus dem Becken und einem ständigen Fallen.

BEACHTEN: Die → translation des Beckens darf nicht mit einer Neigung des Beckens nach vorn oder hinten verwechselt werden.
Während die → translation durchgeführt wird, gleichzeitig den Kopf aus der Wirbelsäule ziehen, so daß eine Kompensierung der Büste, also eine Neigung nach hinten, vermieden wird.
Das Knie des Spielbeines muß so lange wie möglich hinten gehalten werden.

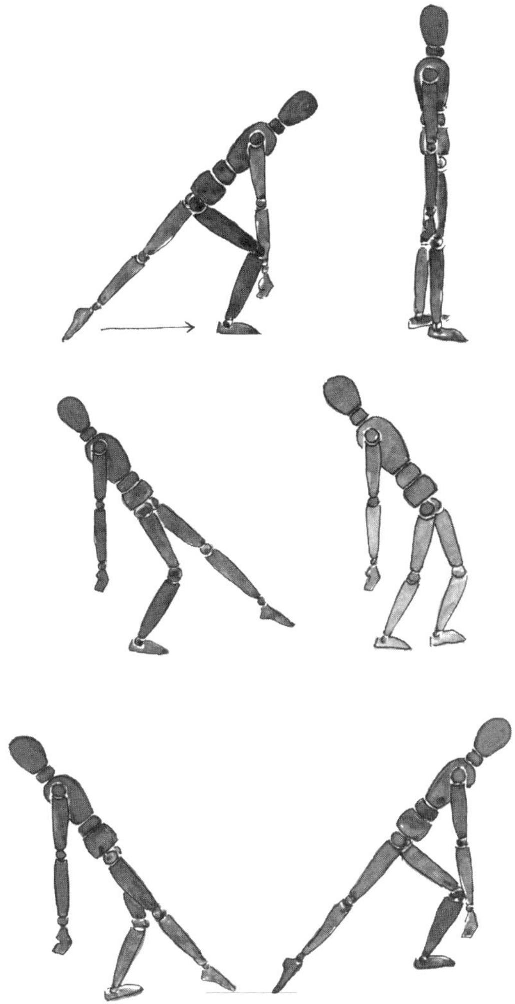

Marche → bascule fléchie

AUSGANGSPOSITION: → *bascule* nach vorn, z. B. auf dem rechten Bein. Nun zieht das durchgedrückte linke Bein mit flachem Fuß am rechten vorbei. Während der → *passage* streckt sich das Standbein, und zwar genau zu dem Zeitpunkt, an dem das linke Bein das rechte Knie trifft.

Dadurch richtet sich der Körper für einen kurzen Augenblick senkrecht auf, kippt aber gleich danach in die → *bascule* nach hinten auf dem rechten Bein.

Aus dieser Haltung verlagert sich das Gewicht auf das linke Bein nach vorn, welches sich nun beugt, das rechte zieht am linken vorbei und setzt durchgedrückt mit den Fußspitzen auf.

Der Rumpf bleibt dabei nach hinten geneigt. Nun richtet sich der Körper vollständig zur → *Tour Eiffel* auf. Das Gewicht wird über die Mitte so stark nach vorn verlagert, daß man nach vorn – und zwar nun in die *bascule* auf das linke Bein als Standbein – fällt.

BEACHTEN: Wenn der Schritt nach vorn gemacht wird, muß die schräge Haltung nach hinten beibehalten werden. Der Rücken darf nicht ins Hohlkreuz fallen.

Marche d'écrasement

écraser zerdrücken, zermalmen

Dieser Gang ist nur als ÜBUNG zur Gewinnung des Gleichgewichtes und als VORÜBUNG für das → *fondu vaporeux* gedacht.
AUSGANGSPOSITION: 5. → *Position,* z. B. rechts vor links. Beide Beine sind durchgedrückt. Das Gewicht auf den rechten Fuß verlagern, danach mit beiden Beinen auf die halbe Spitze gehen und sofort das hintere, also hier das linke Bein vom Boden abheben.
Mit großer Muskelanspannung und gegen Widerstand bei durchgedrücktem Bein den rechten Fuß langsam auf den Erdboden senken. Das linke Bein bleibt abgehoben, so daß die Übung immer nur auf einem Bein durchgeführt wird.
Danach das linke Bein in die 5. → *Position* nach vorn setzen. Erneute Gewichtsverlagerung auf das vordere Bein, nun das linke, und auf die halbe Spitze gehen, so daß sich der Vorgang wiederholen kann.

BEACHTEN: Es ist wichtig, die eigene Körperachse immer vertikal zum Boden zu halten, und auch nicht durch Lockerlassen des Oberkörpers zu kompensieren.

Marche égyptienne ägyptischer Gang

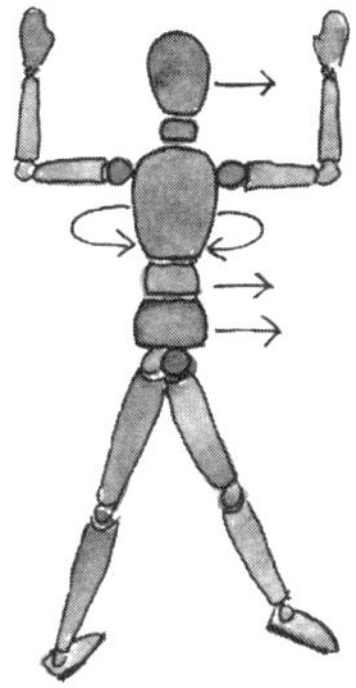

AUSGANGSPOSITION: 4. → *Position,* rechts vor links, die Büste ist im → *effacé,* also nach links, gedreht. Die Arme sind seitlich im rechten Winkel im Ellbogen nach oben abgewinkelt, die Hände in der → *palette* in der Verlängerung des Unterarmes.
Die Drehung im → *effacé* findet immer zu der Seite des nach vorn zu setzenden Beines statt, oder anders gesagt: in diesem Fall rechtes Bein vorn und rechte Büstenseite vorn, während das Becken geradeaus gerichtet bleibt. Nun folgt ein Schritt: das linke Bein zieht über dem Boden durch die 5., 1., 3., 5. in die 4. → *Position,* währenddessen dreht sich die Büste mit den nach oben abgewinkelten Armen nach rechts. Der Kopf sieht immer geradeaus.

ABWANDLUNG 1:

AUSGANGSPOSITION: 4. → *Position* rechts vor links, die Büste ist jedoch im → *croisé* nach rechts gedreht. Das Becken sowie der Kopf bleiben immer geradeaus gerichtet.

ABWANDLUNG 2:

Die Arme werden rechtwinklig nach unten abgewinkelt.

BEACHTEN: Die Oberarme müssen während der ganzen Übungsdauer nach oben gezogen werden, um die Waagerechte der Oberarme beizubehalten. Die Hände dürfen nicht nach vorn, nach hinten oder seitlich abkippen. Dies gilt für alle Übungen im → marche égyptienne.

Marche → grue Tour Eiffel

AUSGANGSPOSITION: 4. → *Position,* → *Tour Eiffel* nach vorn, z. B. das rechte Bein als Standbein. Die → *grue* wird bis zu der → *Tour Eiffel* nach hinten vollzogen. Um die Kreisbewegung der → *grue* ganz vollenden zu können, muß nun in dieser Haltung ein Schritt erfolgen. Das Gewicht wird auf das linke Bein verlagert, und das rechte Bein zieht am linken vorbei, beugt sich für den Moment, drückt sich sofort wieder durch und setzt mit der Fußspitze auf.
Jetzt kann die → *grue* in der angefangenen Richtung fortgesetzt werden, d. h. die → *Tour Eiffel* neigt sich zunächst nach links und schließlich nach vorn. → *Passage* des rechten Beines, das nun wieder zum Standbein geworden ist.
Der Vorgang kann nun, wie oben beschrieben, wiederholt werden.

ABWANDLUNG:

Dieselbe Übung kann mit Richtungsänderung auch nach hinten geübt werden.

Marche → grue → bascule fléchie

Dieselben Übungen wie oben beschrieben können statt in der → *Tour Eiffel* in der → *bascule fléchie* geübt werden.

BEACHTEN: Wenn die → Tour Eiffel und die → bascule fléchie nach hinten geneigt werden, darf kein Hohlkreuz entstehen. Rumpf und Spielbein müssen immer eine Linie bilden. Auch dürfen weder das Bein noch der Rumpf autonom agieren.
Der nach vorn aufsetzende Fuß darf nur mit der Fußspitze den Boden berühren und nicht mit der ganzen Sohle. Das Spielbein muß frei von jeglichem Gewicht sein. Bei der → passage des Beines muß unbedingt die schräge Haltung des Rumpfes beibehalten werden.

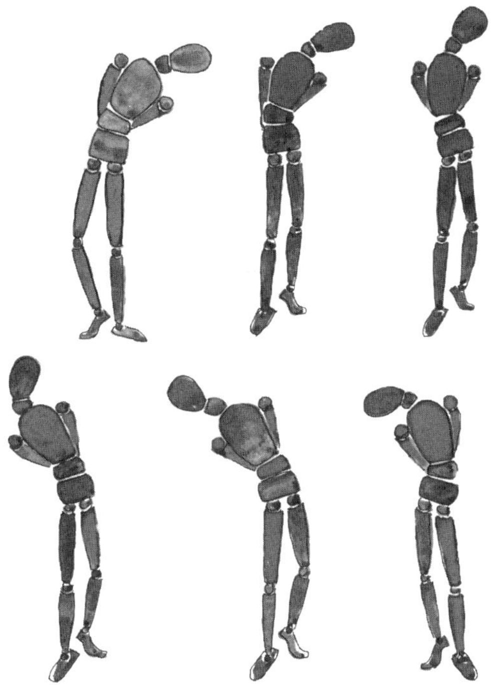

Marche → liane — Gang mit Liane

Eine → *liane* seitlich oder nach vorn und hinten kann auf jeden Gang gesetzt werden.

Gang mit seitlicher Liane

AUSGANGSPOSITION: → *inclinaison annelée*, z. B. nach links; die Arme hängen locker am Körper herab. Die rechte Hüfte ist hochgeschoben, das rechte leicht gebeugte Bein setzt etwas nach vorn.
Dann senkt sich der rechte Fuß ab, gleichzeitig drückt sich das Bein durch, das Gewicht verlagert sich auf das rechte Bein. Nun schiebt das linke Bein, welches etwas hinter dem rechten steht, die linke Hüfte

hoch, was eine Neigung aller Körperteile im → *annelé* → *dégressif* nach rechts zur Folge hat. Im selben Augenblick setzt der linke Fuß nach vorn, senkt sich ab, und der Vorgang wiederholt sich in der Gegenrichtung.

BEACHTEN: Das Standbein muß immer durchgedrückt bleiben.

Gang mit **Liane** nach **vorn** und **hinten**

AUSGANGSPOSITION: Der Rumpf ist im → *annelé* nach vorn geneigt, das rechte durchgedrückte Bein in der 5. → *Position* im → *dégagé* nach vorn gestreckt, nur die Fußspitze setzt auf dem Erdboden auf. Während sich das Gewicht auf das rechte durchgedrückte Bein verlagert und der Fuß sich absenkt, kippt der Rumpf im Hohlkreuz im → *annelé* → *degressif* nach hinten.
Das linke auswärtsgedrehte, leicht gebeugte Bein zieht in einer → *passage* am rechten vorbei, streckt sich – währenddessen kippt der Rumpf im → *annelé* → *degressif* nach vorn – und setzt mit der Fußspitze vorn auf dem Erdboden auf.
Die Ausgangsposition ist nun auf dem linken Bein erreicht, der Körper ist im → *annelé* nach vorn geneigt, und der Vorgang kann sich wiederholen. Auf jeden Schritt wird eine → *liane* gesetzt, d. h. immer, wenn das Gewicht vorn auf einem Bein liegt, erfolgt eine → *liane* nach hinten und gleich wieder nach vorn.

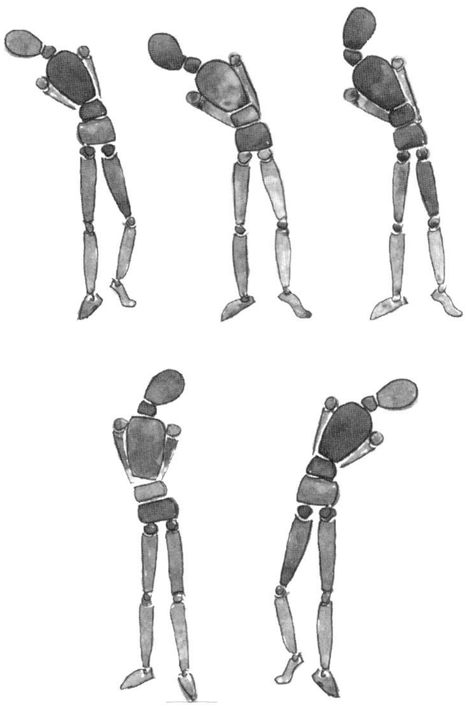

Marche → ondulation — Gang mit Ondulation

AUSGANGSPOSITION: → *Inclinaison* → *annelée* des Rumpfes nach rechts, das rechte durchgedrückte Bein ist das Standbein. Der Kopf beginnt nun eine Neigung nach links und zieht Hals und Büste nach sich. Gleichzeitig setzt der linke Fuß mit der Fußspitze nach vorn auf dem Erdboden auf, Bauch und Becken sind immer noch nach rechts geneigt. Während der Fuß sich absenkt, schiebt das rechte Bein die rechte Hüfte hoch, wodurch der Bauch und das Becken nach links folgen.
Das Standbein ist nun das linke durchgedrückte Bein, der Körper ist vollständig im → *annelé* nach links geneigt.
Während das rechte auswärts gedrehte Bein am anderen vorbeizieht, neigt sich der Kopf nach rechts und zieht die anderen Körperteile nach sich, so daß sich der Vorgang in der Gegenrichtung wiederholen kann.
Wichtig ist, daß eine Überlappung in der Bewegung von Kopf und Becken stattfindet.
Wenn die ÜBUNG beherrscht wird, können die Arme in der Gegenbewegung ondulieren (→ *bras*: → *ondulation* der Arme).

Marche pantin — Hampelmannsgang

AUSGANGSPOSITION: Große 4. → *Position*, rechts vor links, beide Beine beugen sich stark, so daß sich in den Kniekehlen fast ein rechter Winkel ergibt. Die Füße sind mit der ganzen Sohle auf dem Erdboden, die Arme rechtwinklig in den Ellbogen in der Gegenrichtung der Beine parallel zum Körper abgewinkelt, die Hände in der → *palette* in der

Verlängerung der Unterarme. Jetzt kippt der stark angespannte Rumpf im Hüftgelenk, dem Drehpunkt, leicht nach hinten, das Standbein ist das linke Bein, das rechte Bein hebt sich leicht ab, ohne seine Beugung zu verändern, der Fuß ist im rechten Winkel nach oben abgewinkelt, der linke Arm ist jetzt vorn.
Der Blick ist dadurch, daß sich der Kopf in der Verlängerung des Rumpfes befindet, nach oben gerichtet. Danach kippt der Rumpf wieder im Drehpunkt Hüfte nach vorn und fällt (!) auf das rechte stark gebeugte Bein, das nun zum Standbein wird, ohne daß sich der linke Arm in die Gegenrichtung bewegt. Dieses Mal muß der Oberschenkel des linken Beines leicht nach hinten-oben gezogen werden, so daß Rumpf und Oberschenkel eine Linie ergeben, der Unterschenkel jedoch wieder einen rechten Winkel zum Oberschenkel bildet und der Fuß abgewinkelt nach unten zeigt.
Nun kippt der Rumpf wieder nach hinten, das linke Bein und der Fuß bleiben abgewinkelt und ziehen an dem rechten vorbei, gleichzeitig bewegt sich der rechte Arm nach vorn.

BEACHTEN: Der Rumpf darf bei der Rückwärtsneigung nicht ins Hohlkreuz gehen. Der Kopf muß immer in der Verlängerung des Oberkörpers und der wiederum in der Verlängerung des Beckens bleiben.
Beide Füße bleiben immer im rechten Winkel zum Unterschenkel.
Die Arme bewegen sich parallel zum Körper, die Handteller sind zum Körper gerichtet.
Das Bein darf nicht unterhalb des Rumpfes hängen, der Oberschenkel des Spielbeines muß die Verlängerung des Rumpfes bilden.
Um dieses zu erreichen, darf der Rumpf nicht zu stark nach hinten

oder vorn abgekippt werden. Die Fortbewegung geschieht durch einen Fall auf das vordere Bein und nicht durch einen Schritt. Um einen Paßgang zu vermeiden, dürfen die Arme während des Fallens nicht bewegt werden: Nur beim Beinwechsel geschieht auch der Armwechsel.

Marche sur place Gang auf der Stelle

a) **Marche à piston**

piston Kolben

AUSGANGSPOSITION: 1. oder kleine 2. → *Position*. Ein Bein, z. B. das rechte, winkelt sich leicht ab und geht dabei auf die halbe Spitze. Anschließend drückt der Oberschenkel gegen den Widerstand des Fußgelenkes die Ferse auf den Erdboden, als ob ein herausragender Kolben wieder in den Erdboden gedrückt werden sollte.
Dadurch streckt sich das Bein. Diese Streckung muß zu demselben Zeitpunkt stattfinden, zu dem der Fuß mit der ganzen Sohle den Erdboden berührt. Beide Beine sind nun für einen kurzen Moment durchgedrückt. Gleichzeitig mit dem Abwärtsdrücken des Beines bildet die Büste ein → *triple dessin* im → *annelé,* im geschilderten Falle ein „rechts, rechts, vorn". Bei gestreckten Beinen richtet sich die Büste zum → *zéro* wieder auf. Erst dann darf sich das andere Bein beugen und der Fuß auf die halbe Spitze gehen.
Der Vorgang wiederholt sich nun mit dem anderen Bein.
Der Kopf macht die → *triple-dessin*-Bewegung nicht mit, sondern ist entweder in Zielrichtung senkrecht geradeaus gerichtet oder bewegt

sich auch in verschiedene Richtungen, u. U. auch in verschiedenen Tempi. Die Arme bewegen sich in der Gegenrichtung zu den Beinen wie bei einem alltäglichen Gang, die Handteller sind zum Körper gerichtet.

BEACHTEN: Die Achse muß immer in der Mitte bleiben, es darf keine derartige Gewichtsverlagerung stattfinden, daß eine Schaukelbewegung entsteht. Der Bauch muß angespannt auf dem aufgerichteten Becken bleiben. Beide Füße müssen für eine kurze Zeit mit der ganzen Sohle auf dem Boden stehen. Auf keinen Fall darf ein Fuß schon angehoben werden, während der andere noch hinuntergedrückt wird. Das Anheben eines Fußes ist nicht so ausschlaggebend wie das Hinunterdrücken.

ANWENDUNG: Dieser Gang eignet sich besonders für eine frontale Darstellung, er kann aber auch im Profil bzw. in der Diagonalen angewandt werden. Ebenso ist er bei derselben Ausführung auch raumgreifend anzuwenden, selbstverständlich dann auch in alle Richtungen. Er ist die Voraussetzung für das Ziehen und Schieben eines Gegenstandes, also für ein → *contrepoids.*

ABWANDLUNG:

AUSGANGSPOSITION: 2./4. → *Position,* rechts vor links, der rechte Fuß ist auf der halben Spitze, das Bein leicht gebeugt. Das Gewicht verlagert sich auf das rechte Bein, der Fuß wird gegen Widerstand hinuntergedrückt, währenddessen

hebt sich das linke Bein in der → *belle courbe* nach hinten leicht ab. Bevor die Büste in das → *triple dessin* geht, wird sie in einer → *translation* nach vorn geschoben.
Auf diese → *translation* wird dann das → *triple dessin* im → *annelé,* in diesem Falle „rechts, rechts, vorn“, gesetzt.
So wird einmal die Gewichtsverlagerung erleichtert und gleichzeitig die Wirkung des schweren Gehens, also eines → *contrepoids,* verstärkt.

b) **Gang** auf der **Stelle** im **Profil**

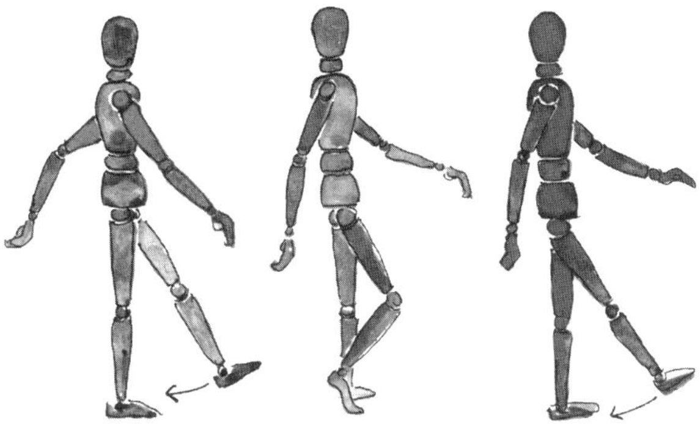

Das nach vorn in die Luft gestreckte Bein mit abgewinkeltem Fuß zieht neben das andere Bein, das sich zur selben Zeit fast rechtwinklig beugt und auf die halbe Spitze geht. Gleich danach wird das Gewicht auf das in die 1. → *Position* gezogene durchgedrückte Bein verlagert, und das andere Bein, welches eben noch gebeugt war, wird nun mit nach oben abgewinkeltem Fuß nach vorn gestreckt. Der Vorgang wiederholt sich nun mit dem anderen Bein. Die Arme bewegen sich in der Gegenrichtung der Beine, d. h. bei nach vorn gestrecktem linkem Bein wird der rechte Arm nach vorn gehalten und bewegt sich nach hinten. Wenn das vordere Bein nach hinten zieht, zieht der linke Arm nach vorn.
Die Handteller sind zum Körper gerichtet.

BEACHTEN: Der Winkel des auf der halben Spitze stehenden Fußes muß den Winkel in der Beuge des Knies ergänzen, so daß die ursprüngliche Länge des Beines erhalten bleibt und der Körper sich nicht auf und ab bewegt.

Die Gesäß- und Bauchmuskulatur ist angespannt. Der Arm, der sich nach hinten bewegt, muß ziemlich stark nach hinten gezogen und der vordere muß ziemlich dicht am Körper gehalten werden.

Marche satyr — Satyrgang

AUSGANGSPOSITION: z. B. 5. → *Position,* rechts vor links, → *dégagé.* Das Gewicht liegt auf dem hinteren gebeugten Bein, das andere ist auswärts gedreht und nach vorn gestreckt, der Fuß setzt mit der Zehenspitze auf dem Erdboden auf.
Der Rumpf ist in der →*grande chaleur*, die Arme hängen locker am Körper herab. Das Standbein drückt ab, der Rumpf richtet sich vom Kopf her aus der Wirbelsäule auf. Dabei wird das Gewicht völlig auf das vordere durchgedrückte Bein verlagert. Gleichzeitig gehen die Arme mit den Ellbogen nach außen in die → *belle courbe* (sie bauschen sich wie ein Segel). Der ganze Vorgang geschieht in der Dynamik der → *glissade.*
Danach erfolgt eine → *passage,* das hintere Bein wird also zunächst gebeugt und dann gestreckt in die 5. → *Position,* → *dégagé* vorn gezogen, während das andere Bein sich beugt und nun zum Standbein geworden ist. Gleichzeitig sackt der Körper wieder in die → *grande chaleur* zusammen. Das Gewicht liegt jetzt völlig auf dem gebeugten Bein, die Arme hängen wieder locker am Körper herab.

Die Mimik wechselt von Schläfrigkeit in der → *grande chaleur* zum interessierten Sehen beim Aufrichten des Körpers.

Marche → Tour Eiffel Eiffelturmgang

AUSGANGSPOSITION: 4. → *Position,* rechts vor links. Die Arme sind parallel zum Körper in der Gegenrichtung zu den Beinen im rechten Winkel abgewinkelt, die Hände in der → *palette*. Der ganze Körper ist stark angespannt und bleibt es während des ganzen Vorganges.
Durch einen Impuls unter dem linken Fuß wird der Körper nach vorn geschoben (und bleibt dabei senkrecht). Der linke Fuß bleibt abgewinkelt, und das Bein zieht stark zurückgehalten während der → *passage* durch die 5., 1., 3., 5. → *Position*. Aus der 5. →*Position* fällt der Körper in die 4. → *Position*, das Gewicht liegt in der Mitte.
Die Arme, die in den Ellbogen rechtwinklig festgestellt sind, wechseln in die Gegenrichtung, wenn das linke am rechten Bein vorbeizieht.
Der Vorgang wiederholt sich, wie oben beschrieben, mit dem anderen Bein.

BEACHTEN: Beide Beine sind immer durchgedrückt, der hintere Fuß darf nicht abrollen. Der Rumpf bleibt immer senkrecht. Die Augen sind geradeaus gerichtet, sie dürfen nicht umherirren.

ABWANDLUNG 1:

Marche → Tour Eiffel, Gewicht **hinten** und **vorn**

AUSGANGSPOSITION: → *Tour Eiffel* in der 4. → *Position,* rechts vor links. Jetzt wird die → *Tour Eiffel* jedoch nach vorn gekippt, das hintere Bein schwebt mit abgewinkeltem Fuß in

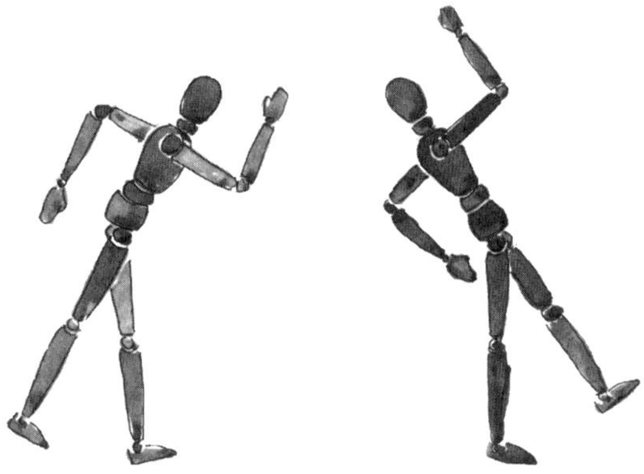

der Luft, Rumpf und Bein müssen eine Linie bilden.
Danach wird die → *Tour Eiffel* nach hinten gekippt, während dieses Vorganges wechseln die Arme, die parallel zum Körper rechtwinklig im Ellbogen gebeugt waren, in die Gegenrichtung.
Darauf fällt man auf das vordere Bein, ohne daß die Arme wechseln, so daß eine → *Tour Eiffel* nach vorn entsteht.
Nun kippt die → *Tour Eiffel* wieder nach hinten, die Arme wechseln, und der Vorgang wiederholt sich.

BEACHTEN: Bei der Neigung der → Tour Eiffel nach hinten nicht ins Hohlkreuz fallen, um viel geben zu wollen.
Das vordere Bein muß in der Verlängerung des Rumpfes bleiben und darf nicht als Kompensierung hochgerissen werden.
Die Füße bleiben immer abgewinkelt.
Die Augen (→ yeux) sind fest gestellt, insofern ist der Blick je nach Körperhaltung automatisch nach oben oder unten gerichtet.

ABWANDLUNG 2:

Marche → Tour Eiffel im **Zickzack**

AUSGANGSPOSITION: → *Tour Eiffel*, starke Anspannung im ganzen Körper, die Arme liegen am Körper an. Der gestreckte rechte Arm führt eine Bewegung aus, die aufwärts, zur Seite und dann, mit dem Handteller nach hinten gerichtet,

rückwärts geht, ähnlich einem Ruderschlag. Der Arm geht dann wieder in die Ausgangsposition zurück. Durch diese Armbewegung bewegt sich die → *Tour Eiffel* um eine Achteldrehung nach rechts vorn. Die Achse muß in der Mitte bleiben und darf nicht auf das eine oder andere Bein verlagert werden. Nichtsdestotrotz befindet sich der Drehpunkt auf dem Bein, auf dessen Seite der Arm nach hinten geschlagen wurde.
Darauf geschieht derselbeVorgang mit dem anderen Arm, und der Körper bewegt sich wieder in einer Achteldrehung zur anderen Seite.

BEACHTEN: Die Anspannung im Körper muß unbedingt während der ganzen ÜBUNG beibehalten werden, da durch eine partielle Entspannung die gleichmäßige Gewichtsverteilung nicht gewährleistet ist.

ABWANDLUNG 3:

Dieselbe ÜBUNG kann ohne Bewegung der Arme durchgeführt werden, d. h. sie werden am besten auf dem Rücken verschränkt. Die Antriebskraft liegt jetzt im Becken und in der Gesäßmuskulatur.

Marguerite Margerite

→ *main* Hand

Marteau Hammer

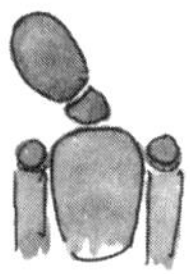

Kopf und Hals sind fest miteinander verbunden und dürfen nur zusammen geneigt oder gedreht werden. Die Neigung und Drehung kann wegen der extremen Muskelanspannung nur minimal sein. Der Kopf darf nicht vom Hals getrennt bewegt oder auch während der Übung wieder in seine Ausgangsposition gebracht werden.

Milieu fixé fixierte Mitte

→ *inclinaison à milieu fixé*

Die Fixpunkte befinden sich beim Kopf in der Nasengegend, bei der Büste im Brustbein und beim Becken eine Handbreit unterhalb des Nabels.

Mousseline Musselin

Die *mousseline* ist eine Nachempfindung der Bewegung eines leichten Stoffes, in dem Fall Musselin, durch eine Kraft von außen, z. B. eine Luft- oder Wasserströmung.
Um diesen Eindruck zu erwecken, muß diese Kraft in den Körper verlagert werden, d. h. der ganze Körper oder auch eine Zusammensetzung mehrerer Körperteile des Rumpfes müssen sich stark und plötzlich neigen oder drehen, so daß die Arme bzw. ein Bein im *mousseline*-Effekt hinterherschweben können.

ANWENDUNG: Bei Pflanzendarstellung und in abstrakten Bewegungsfolgen.

Die *mousseline* ist zunächst für ÜBUNGSZWECKE zum Erlangen eleganter und leichter Armbewegungen sehr geeignet. Es kann überall da mit anderen Übungen gekoppelt werden, wo der Körper in kraftvoller Dynamik agiert – d. h. als Motor fungiert, z. B. bei allen → *glissades*, → *tombés*, → *accélérés-freinés* usw.

VORÜBUNG 1:

Um den schwebenden Charakter der Arme zu erleben, kann folgende Übung vorher durchgeführt werden: Beide Arme gehen mit einer minimalen Spannung nach oben. Alsdann werden die Arme mit starker Muskelanspannung wieder hinuntergedrückt. Wenn sie unten angekommen sind, werden sie sofort entspannt und wieder nach oben geführt. Bei mehrmaligem Wiederholen dieser Bewegungen scheint die Aufwärtsbewegung viel weniger Energie zu fordern, und es entsteht der Eindruck, als ob die Arme nach oben schwebten. Dieser Eindruck muß bei der Ausführung des *mousseline* nachempfunden werden.

VORÜBUNG 2:

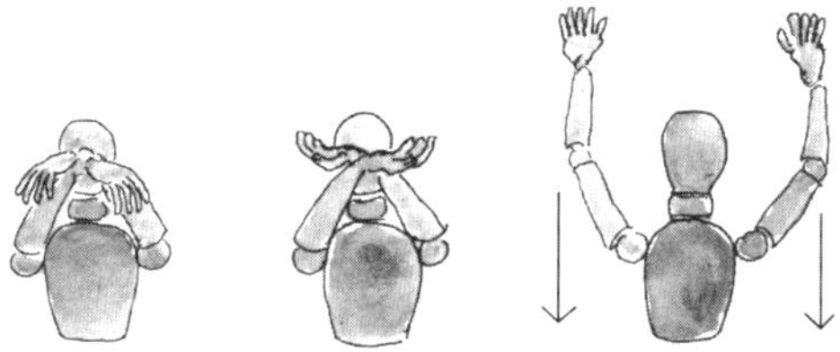

Weg der Arme: Beide Arme heben sich, die Hände sind entspannt, Handgelenk über Handgelenk vor dem Gesicht gekreuzt. Nun drehen sie sich, so daß die Handteller nach oben schauen, alsdann lösen sie sich voneinander. Die Unterarme entfernen sich etwas voneinander, wobei die Ellbogen auf demselben Punkt bleiben. Schließlich fallen sie in V-Form in der → *belle courbe* hinunter, die Handteller schauen nach vorn.

Mousseline der **Arme**

Vorderneigung der Büste:

Die Büste neigt sich im → *composé dessiné* im → *toc* nach vorn. Gleich danach werden vom Oberarm her die Arme in Schulterhöhe hochgerissen, die Hände liegen entspannt in den Handgelenken lose übereinander vor dem Gesicht und werden dann, wie in der Vorübung 2 beschrieben, geführt. Wenn sie auf halbem Wege nach unten sind, wird die Büste durch einen → *toc* in die Senkrechtstellung zurückgebracht, dadurch werden die Arme noch einmal leicht nach hinten gerissen und fallen dann ungehindert nach unten. Oberarm, Unterarm,

Hand und Finger erreichen nacheinander den Körper. Die Arme hängen jetzt wieder entspannt am Körper herab.

Seitenneigung der Büste:

Die Büste neigt sich im → *composé dessiné* im → *toc* z. B. nach rechts. Gleich danach erfolgt zunächst derselbe Vorgang der Arme wie bei der Neigung nach vorn. Die Hände liegen an den Handgelenken lose übereinander vor dem Gesicht.
Während sie sich nach oben drehen und voneinander lösen, dreht der linke Ellbogen nach unten, so daß zunächst beide Arme parallel zueinander nach unten fallen. Während des Falles wird die Büste durch einen → *toc* in ihre Grundstellung zurückgebracht, wobei der linke Arm nach links gerissen wird. Der rechte Arm bleibt auf der Stelle, sein Ellbogen macht eine kleine → *rotation* nach außen und wieder zurück, um dann mit dem anderen Arm in einer → *belle courbe* hinunter zu schweben.

Rückwärtsneigung der Büste:

Die Büste neigt sich im → *composé dessiné* im → *toc* nach hinten. Die Arme werden wie bei der Vorwärtsneigung hochgerissen, die Handteller, drehen sich nach oben, die Hände lösen sich voneinander, und die Arme schweben hinunter. Anders als bei der Vorwärts- und Seitenneigung der Büste erleben sie keinen „Rückstoß“, sondern gleiten unbehelligt ohne Ruck oder Halt nach unten, während die Büste im → *toc* in ihre Ausgangsstellung zurückgebracht wird.

BEACHTEN: Die Neigung der Büste darf nicht in der Lendenwirbelsäule geschehen.

Drehung der Büste:

Die Büste wird im → *composé dessiné* durch einen → *toc* zur Seite gedreht. Beide Arme werden parallel zueinander zu dieser Seite gerissen und beginnen ihren Abwärtsweg in der → *belle courbe*.
Wiederum durch einen → *toc* wird die Büste in ihre Ausgangsstellung gebracht.
Der sich direkt vor der Büste befindende Arm beugt im Ellbogengelenk und zieht an der Büste vorbei, den Handteller nach unten gerichtet. Der andere Arm macht in der Armkugel zunächst eine Drehung nach innen, so daß der Ellbogen nach oben zeigt.
Gleichzeitig knicken Unterarm und Hand leicht nach hinten ab, der Handteller ist nach oben gerichtet. Der Ellbogen dreht wieder nach unten, während der Arm in die Diagonale vor der Büste kommt.
Beide Arme können nun wieder in V-Form zum Körper nach unten schweben.

BEACHTEN: Der Arm muß tatsächlich leicht nach hinten gezogen werden, so daß durch den längeren Weg eine größere Armbewegung entstehen kann.

Um die Drehung des Armes in der Armkugel zu üben, während der andere Arm an der Büste vorbeizieht, kann zunächst der ganze Körper als „Motor" eingesetzt werden.

AUSGANGSPOSITION: Anspannung im Körper, 5. → *Position*, z. B. rechts vor links. Das hintere, also linke Bein ist gebeugt bei abgewinkeltem Fuß. Es drückt nun gegen den Erdboden ab, so daß das andere Bein mit dem flachen Fuß eine Vierteldrehung im → *effacé* machen muß.
Bei sauberer Ausführung muß man in der 1. → *Position* ankommen. Die Bewegung muß hart ausgeführt werden, so daß ein *mousseline* der Arme gerechtfertigt ist. Die Arme hängen zunächst am Körper herunter, bei der Drehung des Körpers geschieht der Vorgang, wie oben (→ *mousseline* „Drehung der Büste") beschrieben.

Mousseline des **Beines**

VORÜBUNG für das *mousseline* des Beines ist die Stangenübung → *développé* (*à la* → *barre*).

→ *Translation* auf ein Bein. Auf dem Standbein macht man auf dem flachen Fuß eine Vierteldrehung nach außen, also in die entgegengesetzte Richtung des Spielbeines. Gleichzeitig hebt sich der Oberschenkel des auswärts gedrehten Spielbeines so hoch wie möglich. Der Unterschenkel ist mit gestrecktem Fuß zunächst nach unten gerichtet. Während sich das Bein in der Luft streckt und Ober- und Unterschenkel sich zu einer Abwärtsbewegung anschicken, winkelt sich der Fuß nach oben ab, und das ganze Bein sinkt nun langsam nach unten.

BEACHTEN: Der Fuß darf nicht vor dem Absenken des Beines abgewinkelt werden, weil sonst der Eindruck des Stoßens entstehen würde.

Négligence Nachlässigkeit

→ *main*

Oiseau Vogel

→ *main*

Ombrelle Sonnenschirm

→ *main*

Ondulation Wellenbewegung

Die *ondulation* kann in der Hand, im Arm und im ganzen Körper durchgeführt werden.

Sie ist nicht nur ein dekoratives Ausdrucksmittel, um Übungen wie → *glissades*, → *marches* virtuoser zu gestalten, sondern hat auch die Funktion, Elemente wie Feuer und/oder Wasser und auch Lebewesen des animalischen Bereiches darzustellen.
Der Impuls, also der Beginn der Neigungen, geht vom Kopf aus, weil Lebewesen des animalischen Bereichs aktiv sind, d. h. ihre Aktionen

vom Intellekt geleitet werden. Demgegenüber beginnt bei der → *liane* die Neigung von der Basis, weil Pflanzen in einer sichtbaren Bewegung von einer äußeren Kraft, z. B. einer Luft- oder Wasserströmung, bewegt werden und im Erdboden verankert sind.

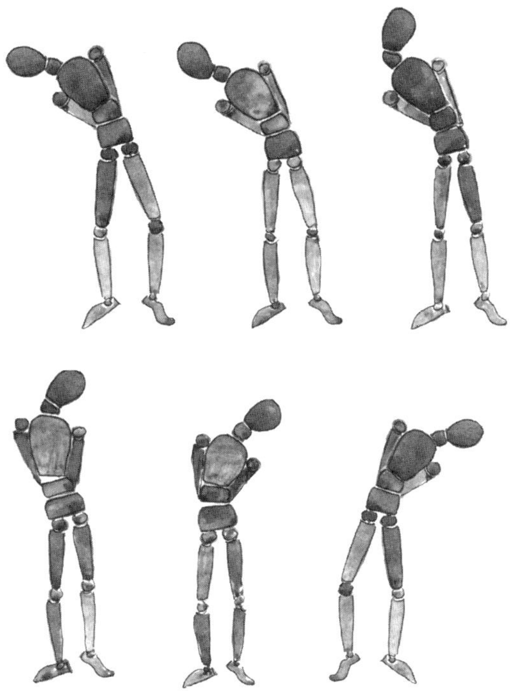

Ondulation der **Arme**

→ *bras*

Ondulation der **Hand**

→ *main*

Ondulation des ganzen **Körpers**

Als VORÜBUNG für die *ondulation* wird am besten das → *contredit* → *conforme* gearbeitet.

Ondulation seitlich

AUSGANGSPOSITION: Kopf, Hals und Büste neigen sich im → *annelé* z. B. zur rechten Seite. Während der Kopf noch weiter nach rechts und unten ausholt, um sich dann nach links zu neigen, Hals und Büste im Gefolge, neigt sich der Bauch ebenfalls nach rechts, gleich darauf folgt die Rechtsneigung des Beckens durch Hochschieben der linken Hüfte durch das linke Bein. Während das linke Bein sich absenkt und sich durchdrückt, wechselt der Kopf in die Gegenrichtung,

d. h. nach rechts, Hals, Büste, Bauch und Becken wieder im Gefolge. Der Kopf holt wieder nach links aus und zieht die unteren Körperteile nach sich nach rechts, und das Gewicht verlagert sich auf das rechte, durchgedrückte Bein.
Jetzt kann sich der Vorgang wie oben beschrieben wiederholen.

BEACHTEN: Richtunggebend ist die Schädeldecke, d. h. sie beschreibt – als ob ein Schreibgerät auf ihr läge – eine liegende Acht.

Wichtig ist, daß eine Überlappung bei Kopf und Füßen stattfindet: Wenn der Kopf die Richtung wechselt, muß gleichzeitig eine Gewichtsverlagerung in den Füßen stattfinden.
Die Achse muß immer in der Mitte bleiben, obwohl das Gewicht zeitweise kurz auf dem einen oder anderen Bein liegt. Es darf kein Schaukeln von einem Bein auf das andere entstehen.

Zu Beginn der Übungsweise ist es ganz nützlich, mit dem Kopf in die Seiten zu „tauchen“. Bei einiger Fertigkeit sollte die Tendenz des Nach-oben-Gezogenwerdens geübt werden. Als Assoziation sollte der Äskulap-Stab dienen: der Stab, um den sich eine Schlange emporschlängelt.

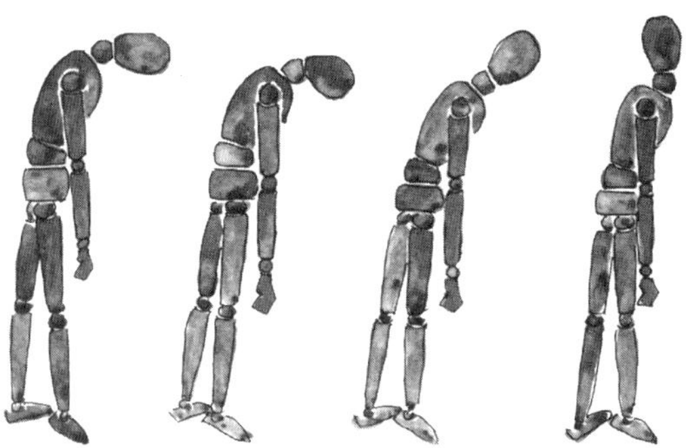

Ondulation nach **vorn** und **hinten**

4. → *Position,* rechts vor links. Kopf, Hals und Büste sind im → *annelé* nach vorn geneigt. Während der Kopf noch tiefer „taucht“, um sich dann nach hinten zu neigen, verlagert sich das Gewicht auf das

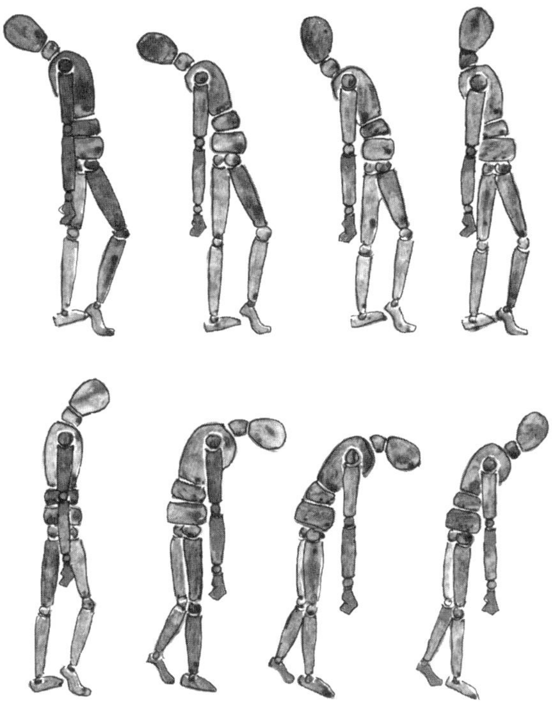

rechte Bein. Der Kopf zieht nun Hals, Büste und Bauch im → *annelé* → *progressif* nach hinten. Dabei verlagert sich das Gewicht auf das linke Bein, die rechte Ferse hebt vom Erdboden ab, das rechte Bein beugt sich. Gleich danach kippt der Kopf von hinten nach vorn und zieht wieder Hals, Büste, Bauch und Becken nach vorn. Das Gewicht verlagert sich auf das rechte durchgedrückte Bein.
Durch die Neigung des Beckens nach vorn hebt sich die linke Ferse vom Erdboden ab, das Bein beugt sich leicht. Die Ausgangsposition ist wieder erreicht, und der Vorgang kann sich wiederholen. Wichtig ist auch hier wie bei der seitlichen *ondulation,* daß sich die Fuß- und Kopfbewegungen überlappen.

Palette — Palette

→ *main*

Passage — Vorbeikommen, Vorbeiziehen

Von einer *passage* wird immer dann gesprochen, wenn ein Bein am anderen vorbeizieht.

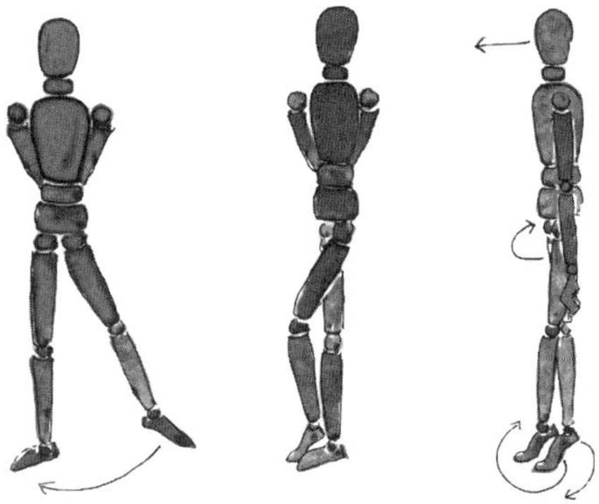

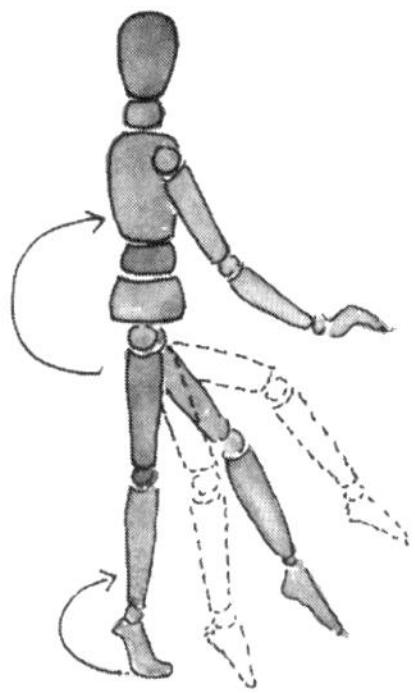

Pivot — Dreh-, Angelpunkt

AUSGANGSPOSITION: 1. → *Position*, starke Anspannung im ganzen Körper. → *Translation* auf das rechte Bein. → *Dégagé* des linken Beines. → *Enveloppé*. Das Gewicht verlagert sich leicht auf den auf der halben Spitze stehenden Fuß, der gegen den Erdboden abdrückt, so daß sich eine Drehung in der Richtung des übergesetzten Fußes ergibt. Während des Drehens hebt sich der rechte Fuß auch auf die halbe Spitze, und das linke Bein streckt sich. Die Ferse des linken Fußes muß an dem rechten Fuß vorbeiziehen.
Nach einer halben Drehung befinden sich beide Füße für einen kurzen Moment in der 1. → *Position*, und das Gewicht liegt auf beiden Füßen. Nach einer 3⁄4-Drehung gibt das Standbein, also das rechte Bein, einen Impuls für eine stärkere Drehung, und das linke Bein schwingt im → *mousseline* herum.
Dadurch gelangt man wieder in die Ausgangsposition auf der halben Spitze. Die Füße werden abgesenkt, die Arme schweben währenddessen im → *mousseline* geringfügig nach oben und senken sich sofort wieder.

Wenn die ÜBUNG mehrfach in ständiger Drehung gearbeitet werden soll, muß der linke Fuß noch vor Beendigen einer halben Drehung über den rechten Fuß setzen, so daß ein kontinuierliches Weiterdrehen möglich wird.
Das Gewicht bleibt immer auf dem Standbein, hier dem rechten Bein. Nach 2 1⁄2 Drehungen kann der linke Fuß im → *mousseline* herumschwingen, so daß die Ausgangsposition wieder erreicht ist.

Poitrine — Brust, Büste

Der Brustkorb reicht von den Schlüsselbeinen bis zu den unteren Rippenbögen. Er ist im ganzen, wie auch in sich selbst, durch Neigungen und Drehungen beweglich. Um den Brustkorb und Bauch getrennt voneinander bewegen zu können, wird durch die Rippenmuskulatur der Brustkorb nach oben gezogen, hinzukommt eine Anspannung im Bauch- und Beckenbereich.

BEACHTEN: der Brustkorb darf nicht mit Hilfe der Atmung nach oben gezogen werden, sondern nur durch die Rippenmuskulatur.
Die Atmung geht im Bauch weiter, natürlich kann es durch die starke Anspannung nur eine verhältnismäßig flache sein.

Position — Stellung

Die Fußpositionen sind vom Tanz übernommen. Allerdings sind die Füße nicht so stark auswärts gedreht wie beim Ballett.

Es gibt in der Mime sechs Fußpositionen, die alle eine Bedeutung haben

Position 1

Beide Füße stehen im rechten Winkel zueinander, die Fußspitzen nach außen gekehrt. Die Hacken berühren sich.
Die 1. *Position* ist die Grundposition und drückt Neutralität aus.

Position 2

Position der Schwäche und/oder Stärke.

Die Beine stehen in Hüftbreite auseinander, die Füße mit den Spitzen leicht auswärts gedreht. Das Gewicht liegt in der Mitte.
Alle Zustände der physischen und/oder psychischen Schwäche werden in der 2. *Position* ausgeführt: z. B. Krankheit, Erschöpfung, Trauer, Langeweile, Zustände der Instabilität (Mangel an Gleichgewicht).
Die 2. *Position* wird auch angewendet, wenn eine kraftvolle Handlung, etwa ein → *contrepoids,* vorgenommen werden soll, denn der Aktionsradius ist durch die 2. *Position* sehr groß und somit die Stabilität gewährleistet.

Position 3

Position der Ruhe.

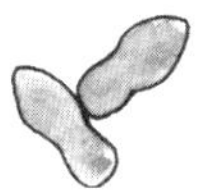

Der eine Fuß steht mit der Ferse im rechten Winkel in der Mitte des anderen. Das Gewicht liegt in der Mitte.
Der Ruhezustand des Körpers ist in dieser Position am besten gewährleistet. Im täglichen Leben steht der Mensch bei kontemplativen Zuständen oft in dieser Stellung. Allerdings sind die Füße weiter auseinander gerückt, und das Gewicht wird vom Standbein auf das Spielbein und umgekehrt gewechselt.

Position 4

Position des Gehens.

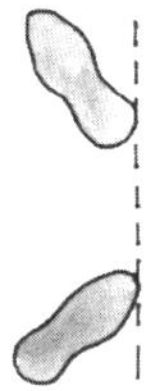

Beide Füße stehen voreinander: Hacke vor Spitze, so daß eine imaginäre Linie zwischen Ferse und großer Zehe gezogen werden kann.
Das Gewicht liegt in der Mitte.

BEACHTEN: Auf keinen Fall darf der vordere Fuß in die Diagonale gezogen werden.

Position 5

Position des → *homme de salon.*

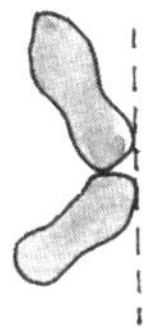

Wird der vordere Fuß aus der 4. *Position* auf der imaginären Linie nach hinten gezogen, so daß die Ferse die große Zehe trifft, entsteht die 5. *Position*. Beide Füße stehen im rechten Winkel zueinander.
Das Gewicht liegt in der Mitte.
Die 5. *Position* ist die einzige Position, die im täglichen Leben nicht angewandt wird. Sie ist die absolute Stilisierung der Vergeistigung des Menschen, d. h. der Körper ruht auf dem kleinstmöglichen Punkt und strebt nach oben.

Position 6

2./4. *Position*. Position des → *homme sportif*

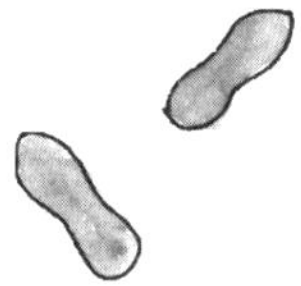

Aus der 3. *Position* wird der vordere Fuß in die Diagonale geschoben, so daß ein Zwischenraum zwischen beiden Beinen entsteht.
Das Gewicht liegt in der Mitte. In dieser Position ist der Aktionsradius sehr groß und die Stabilität gewährleistet. Insofern ist diese Position bei allen Handlungen, die Kraft erfordern, anzuwenden.

Die Positionen 3 bis 6 können links vor rechts oder rechts vor links geübt werden.

Progressif

stufenweise zunehmend

Der Begriff wird angewandt, wenn bei einer Neigung und/oder Drehung der Körperteile im → *composé dessiné* oder → *annelé* von oben begonnen wird.

Queue de mouvement

Schweif der Bewegung
Resonanz einer Bewegung

ist das langsame Ausklingen einer durch einen Impuls gegebenen Bewegung, wobei die vorgegebene Richtung fortgesetzt und vollendet wird.

Remorque Anhänger

Der Begriff *remorque* ist dem Transportwesen entnommen, d. h. die Energie/Kraft obliegt der Zugmaschine, die den Anhänger zieht.

Beispiel: Die Energie liegt in einem Körperteil, welches als „Zugmaschine“ fungiert. Durch einen → *toc* werden andere Körperteile als „Anhänger“ nachgezogen und setzen dann ihren Weg im selben Tempo autonom fort.

Beispiel a)
Der Oberarm wird durch einen → *toc* in irgendeine Richtung gezogen, Unterarm und Hand tendieren zunächst bewußt („ausholend“) in die Gegenrichtung, um dann nacheinander den vorgegebenen Weg des Oberarmes fortzusetzen.

Beispiel b)
Büste mit Drehung:

AUSGANGSPOSITION: Die Büste ist z. B. nach links gedreht; beide Arme hängen zunächst am Körper herab. Nun dreht sich die Büste nach vorn. Der linke Oberarm hebt sich etwas ab und folgt kurz danach der Büste in derselben Richtung, darauf der Unterarm, nachdem sich der Ellbogen nach unten gedreht hat, so daß der Handteller nach vorn zeigt. Alsdann folgt die Hand, die zunächst „ausholend“ stark nach hinten gekippt wird, um dann die Bewegung in der vom Oberarm vorgegebenen Richtung fortzusetzen.

Die Dynamik der *remorque* in den Armen unterscheidet sich wesentlich vom → *mousseline*. Das → *mousseline* hat schwebenden Charakter, während bei der *remorque* eine gewisse Zurückhaltung und Verzögerung und dadurch Spannung im Arm liegt.
Da meistens das Ergreifen eines Gegenstandes angestrebt wird, wird durch das langsame Tempo und das separate Agieren der einzelnen Gliedmaßen des Körperteiles die Bewegung vergrößert.

Ressort

Feder (in der Mechanik)
fig. Spannkraft, Federbewegung

Ein *ressort* ist eine federnde Bewegung, die in allen Gelenken in Dreh- und Neigungsrichtungen, Auf- und Abwärtsbewegungen durchführbar ist. Der Muskeltonus darf zu Beginn einer *ressort*-ÜBUNG nicht zu stark sein.

Ressort in **Seitenneigung**

AUSGANGSPOSITION: der **Kopf** ist z. B. nach links geneigt und wird durch eine kleine Anspannung gehalten, als ob er an einem Gummifaden befestigt wäre.
Diese Spannung wird plötzlich losgelassen, so daß sich der Kopf zur Gegenseite bewegen und durch die lockere Halsmuskulatur auspendeln kann. Das Auspendeln ist sehr schnell beendet.

Das **ressort** der **Büste** ist nur im → *composé dessiné* möglich. Bauch- und Beckenbereich sind stark angespannt.

AUSGANGSPOSITION: die Büste ist z. B. nach links geneigt, eine kleine Anspannung im Oberbauch hält sie zurück, als ob sie an einem Gummifaden befestigt wäre. Die Spannung im Oberbauch wird nun leicht losgelassen, die Büste neigt nach rechts und pendelt aus.

Dieselbe Verfahrensweise gilt für den **Bauch**, der auch im → *composé dessiné* nach links geneigt ist und dann nach rechts schwingt und auspendelt.

Das **ressort** des **Rumpfes** im → *composé dessiné* kann nur durch alternierendes Anheben und Absenken der Fersen geschehen. Während bei den oberen Körperteilen sich die Ausführung durch das Anspannen und Lockerlassen der Muskulatur natürlich ergibt, so ist bei dem *ressort* des Rumpfes ein künstliches Nachhelfen durch das Anheben und Absenken der Fersen, das geringer und geringer wird, erforderlich. Die Knie sind und bleiben leicht gebeugt.

Ressort mit **Vorwärts-** und **Rückwärtsneigung**

Alle ÜBUNGEN können auch nach vorn und hinten ausgeführt werden. Bei der *ressort*-ÜBUNG des Rumpfes ist hier wieder ein echtes Erleben der Federbewegung möglich, da sich das Becken autonom nach vorn und in geringem Maße nach hinten bewegen kann. Allerdings darf bei der Neigung nach hinten kein Hohlkreuz entstehen.

Ressort mit **Drehung**

Die Federbewegung in der Drehung geschieht unter denselben Voraussetzungen wie bei der Neigung. Die einzelnen Körperteile Kopf oder Kopf und Büste oder Kopf, Büste und Bauch werden im → *composé dessiné* zunächst als AUSGANGSPOSITION zu einer Seite gedreht, schwingen beim Lockerlassen der unteren Muskulatur zurück und pendeln aus.
Der Rumpf (incl. Becken) wird durch eine plötzliche Drehung der Füße (bei AUSGANGSPOSITION 2. → *Position*) um eine Vierteldrehung zur Seite gebracht und pendelt aus. Es ist empfehlenswert, die Arme in der → *belle courbe* in der Diagonale vor dem Körper zu halten.

Ressort in der **Wirbelsäule**

AUSGANGSPOSITION: 2. → *Position*. Die Wirbelsäule wird herausgezogen. Durch eine Lockerung des Muskeltonus in der Wirbelsäule sacken die einzelnen Wirbel von oben nach unten zusammen, das Becken kippt leicht nach vorn.
Auch der Muskeltonus in den Beinen wird zur selben Zeit entspannt, die Knie beugen sich leicht. Der Rücken hat sich durch die Entspannung leicht gerundet, die Knie schwingen nun aus.

Ressort in den **Fußgelenken**

AUSGANGSPOSITION: 1. oder 2. → *Position*, halbe Spitze.
Der Fuß senkt sich bis zum Erdboden ab und schnellt wieder hoch. Die Bewegung wird durch die Fußgelenke gesteuert, setzt sich in den Kniegelenken fort und wird kleiner und kleiner. Nach einer gewissen Fertigkeit auf beiden Füßen ist dieser Vorgang durch kleine Sprünge auf ein Bein zu üben. Das andere Bein ist in der Luft nach vorn oder hinten → *harmonisiert*.

Ressort in den **Armen**

Es vollzieht sich hauptsächlich in der Armkugel und im Ellbogen.

Beispiel: Die Arme sind nach vorn oder seitlich diagonal nach unten gestreckt, die Hände in der → *palette*. Durch leichtes Entspannen und auch Festhalten in der Armkugel und im Ellbogenbereich schwingen die Arme, ohne zu fallen, in der → *belle courbe* nach unten aus.
Die Hände formen sich dabei zur → *ombrelle*.

ANWENDUNG: Das *ressort* kommt immer da zur Anwendung, wenn in der Darstellung durch den Mimen das Schwingen eines Gegenstandes oder des Untergrundes gezeigt werden soll, also z. B. Marionetten, Automaten oder ein Boot/Floß, Seil oder Ast, auf dem sich der Darsteller befindet.

Retard Verspätung

Ein *retard* findet in der Hand statt, und zwar immer dann, wenn sie eine wichtige Aktion ausführen soll.

Die Hand kippt zunächst bewußt in die Gegenrichtung des führenden Armes zurück, um dann, nachdem der Arm sein Ziel erreicht hat, die Bewegung zu vollenden und die Aktion vorzunehmen, z. B. um einen Gegenstand zu ergreifen, jemanden oder etwas zu berühren.

Rotation Drehung

Bei der *rotation* ist die Drehung des Körpers um seine eigene Achse gemeint. Sie ist im → *composé dessiné* sowie im → *annelé* möglich. Die *rotation* ist das → *dessin* der geistigen Wahrnehmung, also des Sehens und des Hörens. Sie kann → *progressif* wie auch → *dégressif* durchgeführt werden.

Rotation im → **composé dessiné**

AUSGANGSPOSITION: 2. → *Position*.

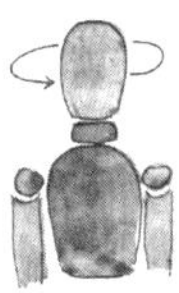

Der Kopf dreht allein. Ohne Hals ist nur eine Achteldrehung möglich.

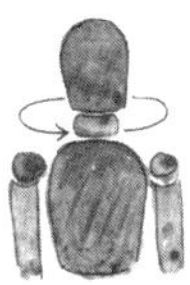

Kopf und Hals sind zusammengeschweißt (→ *marteau*).
Die Drehung wird von der unteren Halsmuskulatur ausgeführt, wobei der Kopf nicht weiter drehen darf, um viel zu geben.

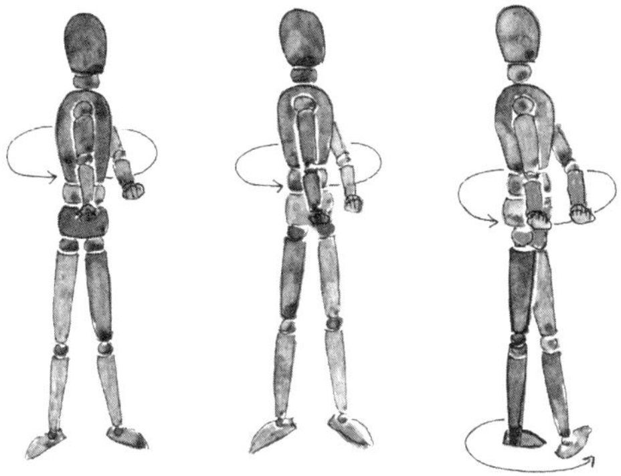

Die Büste (→ *poitrine*) wird muskulär herausgezogen.
Bauch- und Beckenpartie sind stark angespannt. Nun dreht sich die Büste zusammen mit Hals und Kopf, die Arme harmonisieren sich in der → *belle courbe* in der Gegenrichtung. Danach dreht alles wieder zurück in die Ausgangsposition, die Arme senken sich wieder ab und hängen lose am Körper herab.

Die Beckenpartie ist stark angespannt; es ist empfehlenswert, mit dem Becken in die Gegenrichtung der geplanten Drehung zu denken. Die stark zusammengehaltenen Körperteile Kopf, Hals, Büste und Bauch drehen sich, die Arme → *harmonisieren* sich in der → *belle courbe* in der Gegenrichtung.

Das Becken mit den stark angespannten oberen Körperteilen kann sich autonom nur sehr wenig drehen. Eine Vierteldrehung des ganzen Rumpfes ist möglich, wenn die Drehung von den Füßen ausgeht. Der Drehpunkt des Fußes muß in der Mitte des Fußes liegen, so daß beim Vollenden der Drehung eine saubere 4. → *Position* entstanden ist.

Rotation im → **annelé**

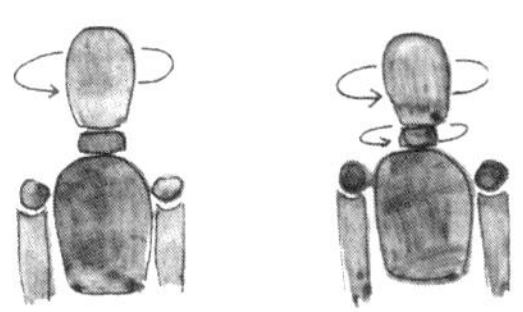

AUSGANGSPOSITION: 2. → *Position*, das Gewicht liegt in der Mitte.
Die Augen beginnen z. B. eine Rechtsdrehung, gefolgt vom Kopf, danach dem Hals, danach der Büste, dem Bauch und dem Becken mit den Beinen. Die Füße drehen so lange, bis sie in der 4. → *Position* angelangt sind. Die Arme → *harmonisieren* sich in der → *belle courbe*

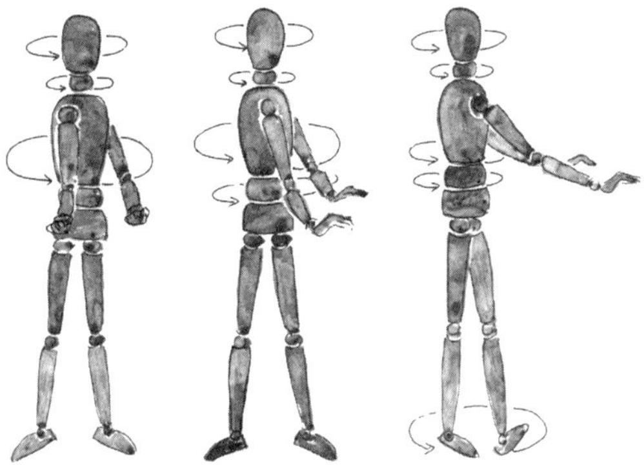

in dem Moment, in dem sich die Büste dreht, in die Gegenrichtung, hier also nach links. Um in die Ausgangsposition zurückzugelangen, drehen erst die Füße wieder in die 2. → *Position*, danach folgen getrennt nacheinander Becken, Bauch, Büste – die Arme senken sich –, Hals und Kopf.

BEACHTEN: Der Blick, und damit der Kopf, darf nicht auf dem zuerst erreichten Punkt haften bleiben, sondern er führt die Bewegung weiter, so daß sich der Körper am Ende der ÜBUNG in einer gewindeähnlichen Position befindet. Wenn der obere Körperteil gedreht wird, muß der untere stark zurückgehalten werden (beim Auflösen der Drehung umgekehrt).

Salamandre — Salamander

→ *main* — Hand

Serpent — Schlange

→ *ondulation*

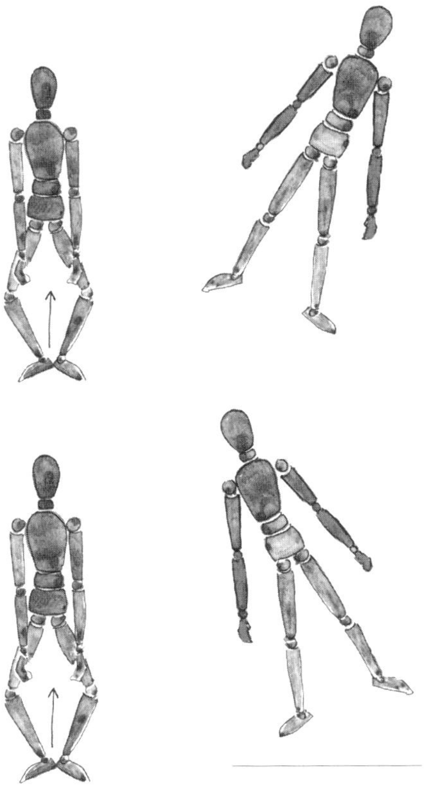

Sissonne

Eigenname,
wahrscheinlich vom
Comte de Sissonne

Der *Sissonne* ist aus dem Tanz entnommen, vom *pas de ciseaux* (Scherensprung), weil die Beine wie eine Schere auseinander- und zusammenklappen, oder er ist vom Comte de Sissonne erfunden worden. Im Tanz führt man ihn in der Vertikalen aus, während er im *exercice du mime* in der Schräge vorgenommen wird. Er ist der einzige Sprung im *exercice du mime*.

AUSGANGSPOSITION: 1. → *Position.* → *Demi-flexion* und Sprung in die Schräge z. B. nach rechts in eine → *Tour Eiffel* auf das rechte Bein. Dann sofort wieder in die Mitte auf beide Füße (1. → *Position*) in eine → *demi-flexion* springen. Durch die → *demi-flexion* wird der Schwung für den neuen Sprung nach links geholt: Der Vorgang wiederholt sich, wie oben beschrieben, jetzt in der Gegenrichtung.

BEACHTEN: Das Spielbein darf während des Sprunges nicht hochgerissen werden, Spielbein und Rumpf müssen eine Linie bilden.

Sommet fixé

fixierter Gipfel, Scheitelpunkt

→ *inclinaison à sommet fixé*

Statuaire mobile — bewegliche Bildhauerkunst

statuaire — Bildhauer

„Le mime est à la fois statuaire et statue. – Der Mime ist gleichzeitig Bildhauer und Statue." (Etienne Decroux)

Decroux meint mit diesem Satz, daß Schöpfer und Geschöpf identisch sind. Das geschaffene Bildwerk (vom Mimen selbst konzipiert und dargestellt) beginnt, sich zu bewegen und Eigenleben zu haben und wird durch die stilisierten Bewegungen zum Kunstwerk.

Tête — Kopf

Der Kopf ruht auf dem obersten Wirbel, dem Atlas, und kann separat vom Hals nach vorn, hinten und zur Seite zu geneigt und in einer Achteldrehung zu gedreht werden.

BEACHTEN: Ein Tieferneigen und vor allem Weiterdrehen des Kopfes würde den Hals (→ cou) einbeziehen.

Toc kurze, ruckhafte Bewegung, Impuls

Ein *toc* ist in allen Körperteilen in der Neigung, Drehung und Verschiebung möglich. Die Muskulatur unterhalb des im *toc* zu bewegenden Körperteiles ist zunächst entspannt, um sich dann plötzlich anzuspannen und den Körperteil in dem entsprechenden → *dessin* zu bewegen. Sie bleibt auch angespannt, um ein Ausschwingen des Körperteiles zu vermeiden. Zwischen einzelnen *tocs* muß die Muskulatur immer wieder entspannt werden.

ANWENDUNG: *Tocs* werden oft zu Beginn, aber auch am Ende einer Bewegung angewandt, um der Bewegung einen besonderen Akzent zu verleihen.

Tocs des Kopfes finden vor allem bei der Darstellung von Tieren, besonders von Vögeln, Anwendung.

Eine durch einen *toc* veranlaßte → *translation* in der Büste ist z. B. die Voraussetzung für einen Stoß.

Kleine pantomimische Handhabungen werden durch einen *toc* in der Büste unterstützt.

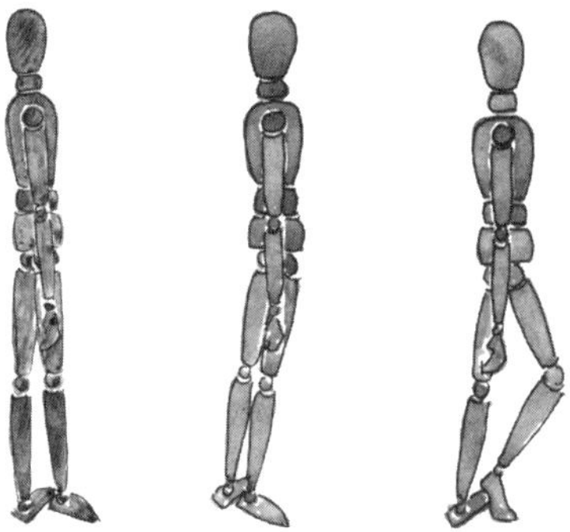

Tombé — fallen

Ein *tombé* ist nach allen Seiten durchführbar.

Tombé nach **vorn**

AUSGANGSPOSITION: 5. → *Position,* rechts vor links.
→ *Translation* des Beckens nach vorn, so daß das ganze Gewicht auf dem vorderen Bein liegt. Darauf zieht das vordere Bein in einem → *étai* zurück, das Knie wird gebeugt, das Gewicht liegt vollständig auf dem vorderen Bein, und zwar auf dem vorderen Teil des Fußes, der hintere Fuß bleibt aber mit der ganzen Sohle auf dem Erdboden, das Bein ist durchgedrückt.
Dadurch, daß das ganze Gewicht auf dem vorderen Bein ruht, entsteht ein für diese Übung notwendiges Ungleichgewicht, das nun einen Fall nach vorn bewirkt. Das vordere Bein löst sich schnell vom Erdboden und fängt in gebeugtem Zustand diesen Fall auf.
Das hintere Bein bleibt auswärts gedreht gestreckt. Nur der große Zeh hat Kontakt mit dem Erdboden. Die Arme fliegen in dem Moment im → *mousseline* zurück, in dem sich der Körper nach vorn bewegt, und zwar dergestalt, daß sie sich in den Armkugeln drehen, so daß die Ellbogen nach oben und die Handteller nach unten ausgerichtet sind. Sie senken sich wieder, während das vordere Bein sich streckt und das hintere Bein von der 5. → *Position* hinten über die 1. → *Position* in die 5. → *Position* nach vorn schleift. Die Arme können aber auch in irgendeiner anderen Art gehalten bzw. → *harmonisiert* werden.
Während der ganzen Übung bleibt der Rumpf absolut senkrecht.

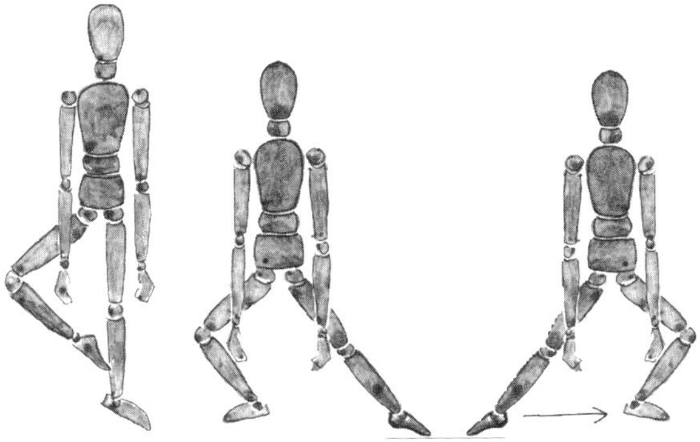

Tombé seitlich

AUSGANGSPOSITION: 1. → *Position*, das Gewicht liegt in der Mitte.

Das z. B. rechte, auswärts gedrehte Bein wird plötzlich hochgerissen, die Fußspitze tippt kurz das linke Bein in Wadenhöhe an. Das Gewicht muß unbedingt in der Mitte bleiben, so daß ein Ungleichgewicht hergestellt wird, welches einen Fall auf das gebeugte, hier rechte Bein nach sich zieht.
Während das Spielbein auswärts gedreht und gestreckt in die 1. → *Position* schleift, streckt sich das Standbein. Der Rumpf bleibt immer senkrecht. Die Arme können im → *mousseline* zur Seite fliegen, sie können aber auch in irgendeiner anderen Art gehalten oder → *harmonisiert* werden.

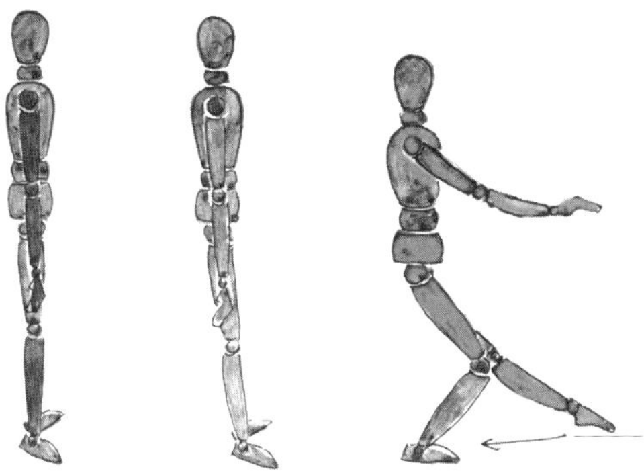

Tombé nach **hinten**

AUSGANGSPOSITION: 1. → *Position*. Analog zum *tombé* nach vorn wird das Becken nun nach hinten geschoben. Dadurch entsteht ein für diese Übung notwendiges Ungleichgewicht.
Ein Bein löst sich nach der → *translation* des Beckens nach hinten vom Erdboden, der Fuß setzt nach hinten mit der ganzen Sohle auf dem Erdboden auf, das Bein wird gebeugt. Das andere Bein streckt sich, auswärts gedreht, nach vorn – nicht zu hoch – in der Luft.
Das Standbein streckt sich wieder, das Spielbein zieht durchgedrückt in die 1. → *Position* zurück.

Der Rumpf bleibt immer senkrecht. Die Arme fliegen im → *mousseline* nach vorn, können aber auch in irgendeiner anderen Art gehalten bzw. → *harmonisiert* werden.

BEACHTEN: Beim Aufkommen nach dem Fall muß bei allen tombés der Fuß sanft auf dem Erdboden landen. Es ist zu empfehlen, das Aufkommen auf den vorderen Teil des Fußes zu tendieren, aber dabei nicht auf die halbe Spitze zu gehen.

Torsion Verdrehung, Windung

AUSGANGSPOSITION: 1. → *Position*, → *translation* auf das linke Bein, → *dégagé* des rechten Beines und → *enveloppé* desselben. → *Rotation* im → *annelé* nach links bis zur 5. → *Position* der Füße. Die Arme → *harmonisieren* sich in dem Moment, in dem sich die Büste dreht, in die Gegenrichtung. Nun wird der Körper in der Technik des → *pivot* gedreht.
Falls die Drehung mehrere Male wiederholt werden soll, muß der Fußdes Spielbeines sehr früh übersetzen, und zwar ganz dicht an die Außenkante des anderen Fußes, der Rumpf muß die Tendenz des Weiterdrehens behalten, um den Eindruck der ständigen Drehung zu erhalten.

Toucher
berühren

→ *main*

Tour
Drehung, Wende

Es gibt zwei Arten von *tours*:

Das Standbein ist der Motor:

Ein Schritt z. B. mit dem linken Bein, beim zweiten Schritt macht der Fuß des Standbeines auf der flachen Sohle eine Vierteldrehung nach rechts. Das Spielbein, hier rechts, schnellt im → *effacé* gestreckt und auswärts gedreht im Viertelbogen innen am Standbein vorbei in die neue Richtung und setzt mit der Fußspitze auf. → *Passage* des linken Beines und Wiederholung des Vorganges.

Das Spielbein ist der Motor:

Ein Schritt z. B. mit dem linken Bein, beim zweiten Schritt schwingt das Spielbein gestreckt und auswärts gedreht im Viertelbogen außen am Standbein vorbei in die neue Richtung, hier nach links. Zur selben Zeit macht das Standbein durch den Schwung eine Vierteldrehung und geht dabei leicht auf die halbe Spitze. Hierauf setzt das Spielbein mit der Fußspitze auf. → *Passage* des linken Beines und Wiederholung des Vorganges.

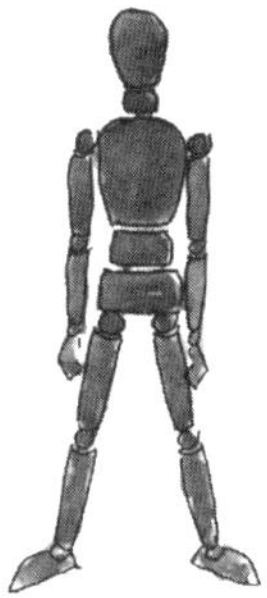

Tour Eiffel Eiffelturm

AUSGANGSPOSITION: 2. oder 4. → *Position*, starke Anspannung im Rumpf, das Becken ist aufgerichtet.

2. → *Position*: die Beine müssen in der direkten Verlängerung der Hüftknochen sein, es darf kein Winkel zwischen Bein und Hüftknochen entstehen.

4. → *Position*: das Becken ist geradeaus gerichtet, auch hier darf zwischen Bein und Hüftknochen kein Winkel entstehen.

Die Achse ist in der Mitte, das Gewicht ist auf beide Füße gleichmäßig verteilt.

Der Eiffelturm kann in alle Richtungen geneigt oder gedreht werden, und zwar immer von der Basis. Bei einer Neigung ist unbedingt darauf zu achten, daß das Spielbein immer in der Verlängerung des Rumpfes bleibt und nicht u. U. als Kompensierung hochgerissen wird.

Er kann als Grundhaltung für viele ÜBUNGEN dienen und in den mannigfaltigsten Variationen mit Neigungen und Drehungen verwendet werden.

Translation Verschiebung

(siehe Zeichnungen → *Grue* → *translation*)

Die *translation* ist das 3. → *dessin*. Allerdings ist sie kein reines → *dessin*, da nur drei Körperteile, nämlich Kopf, Büste und Becken, verschoben werden können, und zwar mit Hilfe der unteren Körperteile: der Kopf durch die Neigung des Halses, die Büste durch die Neigung des Bauches, das Becken durch die Neigung der Beine.
Die unteren Körperteile sind sozusagen die Transportmittel der oberen Körperteile. Kopf, Büste und Becken können in alle Richtungen verschoben werden.

ANWENDUNG: Die *translation* ist das → *dessin* der Wahrnehmung, d. h. sehen oder genauer sehen wollen, hören und lauschen.

Translation des **Kopfes** nach **vorn** oder **hinten**

Das Kinn schiebt sich nach vorn oder hinten, allerdings darf sich das Kinn weder heben noch senken, der Kopf muß wie auf einer Schiene nach vorn oder hinten gleiten.

Translation des **Kopfes** zur **Seite**

Es ist zu empfehlen, die Hände an die Ohren zu halten und den Kopf zwischen beiden Händen hin und her zu ziehen. Der Impuls kommt vom unteren Teil des Halses, der Hals muß dabei aber locker bleiben.

Es darf weder eine Drehung in die Richtung der *translation* noch eine Neigung in die Gegenrichtung entstehen: Der Kopf muß immer senkrecht und das Gesicht nach vorn ausgerichtet bleiben.

Translation der Büste

AUSGANGSPOSITION: das Gesäß und die Unterleibsmuskulatur sind stark angespannt. Die obere Bauchmuskulatur schiebt den Brustkasten nach vorn, hinten oder zur Seite. Dabei treten die unteren Rippenbögen stark heraus.

BEACHTEN: Bei der Verschiebung der Büste nach hinten darf die Büste weder nach vorn abkippen noch zusammensacken. Dasselbe gilt für die seitliche Verschiebung: keine zusätzliche Seitenneigung in die Richtung der Verschiebung oder auch in die entgegengesetzte Richtung.

Translation des Beckens

AUSGANGSPOSITION: 1. → *Position*. Durch die Anspannung der unteren Gesäßmuskulatur kann das Becken ein wenig nach vorn verschoben werden. Automatisch ist eine Anspannung in der Leistengegend zu spüren. Die *translation* nach hinten geschieht durch einen Impuls in den Leisten, die das Becken nach hinten schieben.

Die seitliche Verschiebung geschieht durch eine Muskelanspannung im Unterleib und im Hüftbereich. Bei einer *translation* nach rechts muß die linke Hüfte stark nach rechts schieben, die rechte Hüfte muß zusätzlich in diese Richtung ziehen.

Bei einer Verschiebung nach vorn liegt das Gewicht auf dem vorderen Teil des Fußes, bei der Seitenverschiebung auf einem Fuß, bei der Verschiebung nach hinten auf den Fersen. Allerdings resultiert daraus ein Fall, da die Fersen das Gewicht nicht halten können.

BEACHTEN: Auf keinen Fall darf durch eine Neigung der Büste → kompensiert werden.

Triple dessin dreifache Form

(siehe auch Zeichnungen → *double dessin)*

Das *triple dessin* ist ein Aufeinandersetzen von drei → *dessins:* einer → rotation und zwei → *inclinaisons:* Nach einer Drehung erfolgen zwei Neigungen nach rechts oder links und dann nach vorn oder hinten.

BEACHTEN: Durch die Drehung eines Körperteiles verläßt man das absolute „vorn“ und „hinten“ ebenso wie die Seiten.
Daher ist bei der Vorder-, Rück- oder Seitenneigung auf die neue Blickrichtung zu achten. Sie muß nun immer in den Diagonalen sein.

Analog zum → *double dessin* gibt es acht *triple dessins*:

rechts, rechts, vorn	–	links, links, vorn
rechts, rechts, hinten	–	links, links, hinten
rechts, links, vorn	–	links, rechts, vorn
rechts, links, hinten	–	links, rechts, hinten

Ein *triple dessin* ist im → *composé dessiné* wie auch im → *annelé* durchführbar.

ANWENDUNG: Durch seine Dreidimensionalität dient es der Plastizität, dem kraftvollen Gestalten einer Aktion, also bei den meisten Ausführungen eines → *contrepoids.*

Beispiel:

Triple dessin im → **composé dessiné**

AUSGANGSPOSITION: 2. → *Position*, der Rumpf ist angespannt.

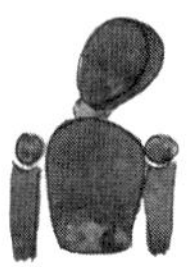

a) Der Kopf dreht in einer Achteldrehung nach rechts.
Auf diese Drehung wird eine Seitenneigung nach rechts und darauf eine Neigung nach vorn gesetzt.

oder

b) Die Büste dreht in einer Achteldrehung nach rechts, darauf folgt die Seitenneigung nach rechts und darauf die Vorderneigung. Kopf und Hals bleiben fest auf der Büste und dürfen nicht bewegt werden. Die Arme → *harmonisieren* sich seitlich in der → *belle courbe*.

oder

c) Für ein *triple dessin* des Beckens wird der rechte Fuß etwas nach rechts gedreht, das linke Bein schiebt die linke Hüfte etwas hoch, und die Vorderneigung geschieht dann in der Leiste.

BEACHTEN: Der Oberkörper muß fest auf dem Becken bleiben, es darf keine zusätzliche Neigung in der Büste erfolgen.

Für ein *triple dessin* des Kopfes und der Büste z. B. im „rechts, rechts, hinten" sind a) und b) anwendbar.

BEACHTEN: Die Büste kann sich nur sehr wenig nach hinten neigen, die Neigung darf nicht in der Lendenwirbelsäule geschehen, um damit eine größere Neigung erzielen zu wollen.

Das vordere Bein, hier das linke, bleibt gestreckt, und der Fuß setzt nur mit den Zehenspitzen auf.

Falls eine Gewichtsverlagerung und stärkere Neigung nach vorn gewünscht wird, kann dies durch eine → *bascule fléchie* erfolgen, und zwar auch hier durch Abheben des Standbeines und sofortiges

Aufkommen desselben in der → *bascule* in der Diagonalen nach vorn, während das hintere Bein durchgedrückt bleibt.

In derselben Art sind nun die Richtungen, wie oben angegeben, auszuführen.

Triple dessin im → **annelé**

Bei einem *triple dessin* im → *annelé* zieht der richtunggebende Körperteil nach Vollendung des *triple dessins* den unteren Körperteil in die Diagonale nach sich: also der Kopf den Hals, der wiederum die Büste, jene den Bauch und der wiederum das Becken.
Dadurch, daß jeder Körperteil separat in der Diagonalen gezogen wird, entsteht ein Bogen, der die Kraftlinie ausmacht.
Nur wenn der Zug im äußeren Teil des ziehenden Körperteiles sehr stark ist, wirkt das *triple dessin* kraftvoll.

BEACHTEN: Bei einer Aneinanderreihung mehrerer triple dessins durch den Körper hindurch verändert sich die Blickrichtung bei jeder weiteren Drehung und Neigung des unteren Körperteiles.
Der Blick darf nicht an dem zuerst anvisierten Punkt haften bleiben, weil sonst das gerade gebildete triple dessin wieder verlorenginge.
Da bei der Wiederherstellung der Ausgangsposition die Drehung oder/und Neigungen leichtverloren gehen, muß der im Augenblick der Rückkehr in die Ausgangsposition nicht betroffene Körperteil unbedingt kristallisiert bleiben, ja sogar noch in die alte Richtung geneigt oder gedreht werden.

Vaporeux

dunstig, zart, duftig

→ *fondu vaporeux*

Yeux

Augen

Das Auge, richtungs- und gefühlsweisendes Element der Mimik, ist in seiner Lebendigkeit schwer zu beherrschen. Der Blick darf nicht, nachdem er einen Gegenstand oder eine Person → *evoziert* hat, umherirren. Er muß, wenn der Körper oder ein Körperteil sich zu dem anvisierten Objekt bewegt, darauf fixiert bleiben.

In allen ÜBUNGEN, in denen der Körper oder Körperteile im → *composé dessiné* bewegt werden, bleiben die Augen völlig unbeweglich, als ob sie „auf das Gesicht aufgemalt" wären – „Les yeux sont peints sur le visage." (Etienne Decroux)

Zur Disziplinierung der Augen, werden hier einige AUGENÜBUNGEN aufgeführt:

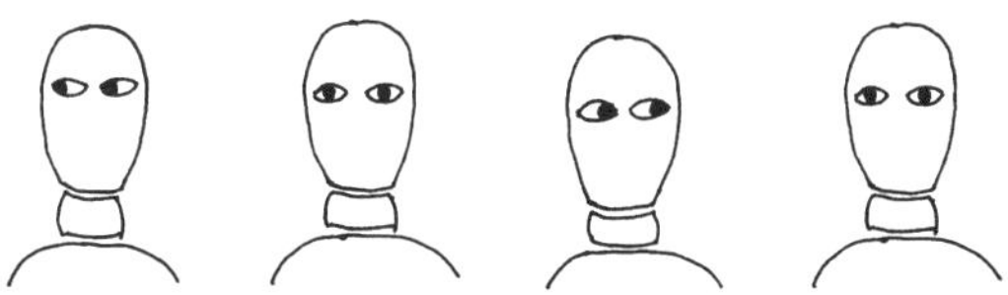

Der Kopf ist geradeaus gerichtet.
Die Augen bewegen sich nach rechts, in die Mitte, nach links, in die Mitte, ohne daß sich der Kopf in die entsprechenden Richtungen mitbewegt.

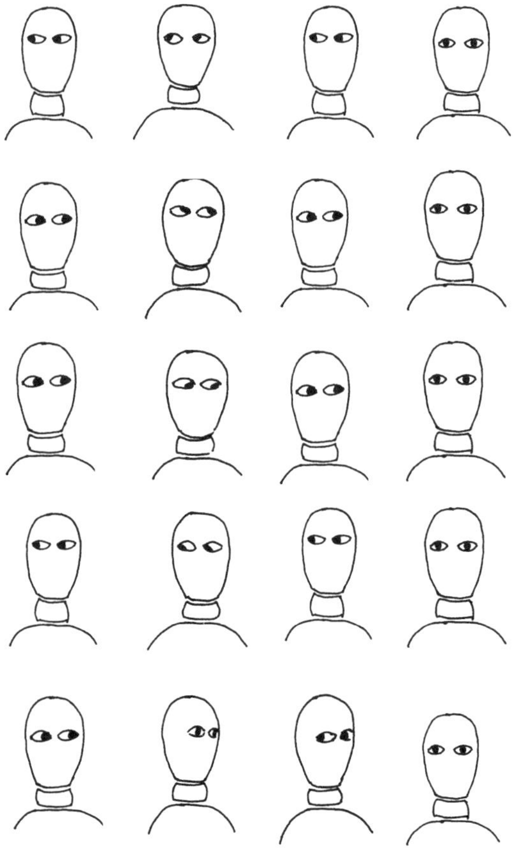

Der Kopf ist geradeaus gerichtet.
Die Augen bewegen sich nach rechts in die äußere Ecke, dann in die rechte obere Ecke, wieder in die äußere Ecke und schließlich in die Mitte, ohne daß sich der Kopf in die entsprechenden Richtungen mitbewegt.

Dieselbe ÜBUNG nach links.

Dieselbe ÜBUNG kann von der äußeren in die untere Ecke vorgenommen werden. Zu beachten ist dabei, daß das Augenlid, wenn sich das Auge nach unten bewegt, oben gehalten wird.

Die Augen bewegen sich in die Diagonalen nach oben und unten.

Diese ÜBUNGEN können nun erschwert werden, indem der Kopf dazukommt:

Die Augen bewegen sich zur Seite, der Kopf folgt, die Augen bewegen sich zur Mitte, der Kopf folgt:

Augen – Kopf
Augen – Kopf

Der Kopf dreht zur Seite, die Augen bleiben zunächst in der Mitte und folgen dann der angegebenen Bewegung des Kopfes. Genauso ist die Rückkehr zu handhaben:

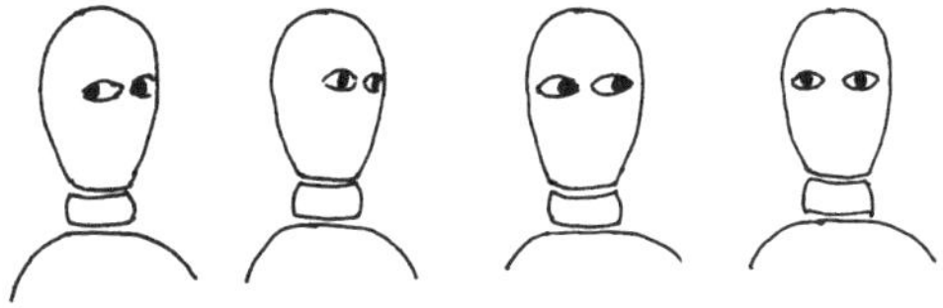

Kopf – Augen
Kopf – Augen

Diese ÜBUNGEN können durch ein → *double dessin* oder ein → *triple dessin* erschwert werden.

Double dessin:

Die Augen bewegen sich in eine Richtung, der Kopf dreht dorthin. Die Augen bewegen sich nach oben oder unten, der Kopf bewegt sich nach oben oder unten. Wenn auf die Drehung des Kopfes eine Seitenneigung gesetzt wird, bleiben die Augen auf der anvisierten Stelle haften.

Dieselbe ÜBUNG im → *triple dessin*.

Zéro — Null, Ausgangsposition, Grundstellung

Es gibt drei Arten des *zéro*:

Double zéro — doppelte Grundstellung

→ *grande chaleur*

Zéro de figure

Die Beine sind entspannt wie bei dem → *double zéro*, aber die Büste ist herausgezogen und angespannt.

Zéro dynamique

Der Kopf wird aus der Wirbelsäule herausgezogen, daraus ergibt sich eine Streckung und eine Anspannung in der Wirbelsäulenmuskulatur.

Lilian Karina / Lena Sundberg

Modern Dance

Geschichte – Theorie – Praxis

Die Geschichte des Modern dance ist ebenso interessant wie dramatisch. Die Autorinnen, ausgewiesene Tanzpädagoginnen, geben einen Überblick über Ursprung, Entwicklung und Hauptvertreter des modernen Tanzes – von Isadora Duncan, Rudolf von Laban und Mary Wigman bis zu den gegenwärtigen Choreographen in Mitteleuropa, den USA und Schweden. – Modern dance – Free dance, Ausdruckstanz, moderner Tanz – als Unterrichtsfach wird in seiner ganzen Breite behandelt: Technik, Besonderheiten, Improvisation und Kreativität, anschaulich illustriert mit seltenem Bildmaterial und erläuternden Skizzen. – Ein intruktives Lehrbuch für Anfänger und Fortgeschrittene.

108 Seiten mit 99 Abbildungen
Broschur, 21 x 21,5 cm
ISBN 3-89487- 080-X

Peter Jarchow / Ralf Stabel

Palucca

Aus ihrem Leben – Über ihre Kunst

Die Autoren, Professoren der Palucca Schule Dresden, legen die erste Biographie der berühmten Ausdruckstänzerin und Tanzpädagogin vor, deren Name aufs engste mit dem Neuen Künstlerischen Tanz verbunden ist. Seit 1924 machte sich die Wigman-Schülerin mit Solotanzabenden im In- und Ausland einen Namen. Ihre bereits im selben Jahr in Dresden gegründete Tanzschule wurde zur bedeutendsten Ausbildungsstätte für Tänzer, Choreographen und Tanzpädagogen im Osten Deutschlands.

144 Seiten mit 50 Abbildungen
gebunden, 13,5 x 21,5 cm
ISBN 3-89487-266-7

Nikolai I. Tarassow

Klassischer Tanz

Die Schule des Tänzers

(Hrsg. Werner Gommlich und Martin Puttke)

Basierend auf den langjährigen Erfahrungen des Autors als Tänzer und Ballettpädagoge entstand dieses bisher unübertroffene Standardwerk für die Ausbildung im klassischen Tanz. Während der erste Teil die allgemeinen künstlerischen und pädagogischen Probleme erläutert, beschäftigt sich der umfangreiche zweite Teil mit der methodisch-spezifischen Ausbildung von Ballettkünstlern. Zahlreiche Zeichnungen veranschaulichen die Bewegungsbeschreibungen, und ein umfanreiches Sachregister erleichtert ihr Auffinden. Ein unentbehrliches Lehrbuch für Tänzer und Tanzpädagogen.

536 Seiten mit 18 Abbildungen und 160 Zeichnungen
gebunden mit Schutzumschlag, 14 x 21,5 cm
ISBN 3-89487-208-X

Methodik des klassischen Tanzes

Hrsg. György Lörinc und Zsuzsa Merényi

Das umfassende Lehrmarerial ist Ergebnis der zehnjährigen systematischen Arbeit einer Autorengruppe am ungarische Staatlichen Ballett-Institut. Der Stoff ist in neun Jahrgänge gegliedert. Nach der Übersicht eines Jahresprogramms folgen einzelne Übungen an der Stange, ohne Stange, des Allegro und Übungen auf der Spitze, illustriert mit zahlreichen Zeichnungen. Der wichtigste Gesichtspunkt für den Aufbau des Unterrichts ist, daß die Übungen stufenweise erschwert werden. - Aufgrund seiner methodischen und sprachlichen Klarheit ein bewährtes Handbuch für Ballettpädagogen und -schüler, für Ballettmeister und Tänzer.

724 Seiten mit 154 Abbildungen
gebunden mit Schutzumschlag, 14,5 x 21,5 cm
ISBN 3-89487-209-8